介護保険外サービス **障害福祉サービス**

混合介護
導入・運営 実践事例集

はじめに

　社会保障制度改革によって，介護保険制度を維持するための重点化，効率化が進みます。軽度者や専門性の低いサービスは介護保険制度から外され，介護保険サービスが提供できる領域は整理され，縮小していきます。団塊の世代へと利用者の世代交代が進む中で，介護サービスのニーズが複雑に多様化します。その環境変化の中で，介護保険と介護保険外の2つのサービスを併せて提供する混合介護が，介護サービスの中心となります。

　介護保険サービスは制度の縛りから逃れることができず，皆と同じことをやり続けることが求められます。他との明確な差別化を行うことが難しい領域です。これに対して，本書のテーマである介護保険外サービスは制度の縛りは何もありません。自由な発想のもとで，湧き出るアイデアを実現することができます。他の事業者では提供できない高品質のサービスや，全く新しい独自のサービスを提供することで，明確な差別化を実現できる領域です。介護全体を考えたとき，介護保険サービスは必要最小限のサービスでしかありません。混合介護を実現することで，初めて利用者が望むサービスを完全な形で提供できます。

　介護保険外サービスのビジネスモデルを考えるとき，最も高付加価値な領域はどこでしょうか。それは，元気な高齢者であり続けるためのサービスと，看取りに関するサービスです。しかし，この両極に位置する領域は，残念ながら簡単に誰でもできるものではありません。それ故にトライする価値が高いサービスです。それ以外のサービス領域にも大きな可能性とニーズが隠されています。それを見つけるためのヒントを，この本には散りばめました。

　介護サービスの一つの理想型として，利用者の夢を実現することがあります。夢を実現するためには，介護保険サービスだけでは不十分です。是非，介護保険外サービスを組み合わせる混合介護を提供することで，利用者の夢を実現していただきたいと思います。

2016年7月

　　　　　　　　　　小濱介護経営事務所　代表
　　　　　　　　　　介護事業経営研究会（C-MAS）最高顧問
　　　　　　　　　　一般社団法人医療介護経営研究会（C-SR）専務理事

　　　　　　　　　　　　　　　　　　　小濱道博

Contents

第1章 キーワードは「混合介護」
小濱介護経営事務所 代表　小濱道博

1. 介護保険サービスの動向と今後の制度改正の方向 6
2. 地域包括ケアと日本の高齢化率 9
3. 混合介護の必要性と課題 13
4. まとめ―介護報酬に依存しない介護事業所経営を目指して― 18

第2章 介護保険外サービス導入の解説・総論
小濱介護経営事務所 代表　小濱道博

1. 今の財「ひと，もの，かね」を知る 22
　　株式会社東邦マルニサービス 副社長／株式会社楽和ケアセンター 代表　長田賢士
2. 介護保険外サービス市場 25
3. 介護保険外サービスとして考えられるもの 29
4. 介護保険外サービス導入での問題点 34
5. お泊まりデイサービスの運用とメリット・デメリット 36
　　株式会社ユナイテッド 代表取締役　駒居義基
6. 実地指導における介護保険外サービスの指導事例と対策 41

第3章 介護保険外サービス導入・実践事例

介護保険外サービス導入の事例の紹介に当たり 46
介護事業における「介護保険外サービス」導入編 46
　　株式会社ヘルプズ・アンド・カンパニー 代表取締役　西村栄一

導入編事例1 株式会社「ホスピタリティ・ワン」，一般社団法人訪問看護支援協会
　人生の終末期に寄り添う介護医療サービスの尽きない理想の追求 49

導入編事例2 全国訪問ボランティアナースの会「キャンナス」
　全国に広がる介護支援の輪が介護疲れの家族を救う 53

導入編事例3 早稲田エルダリー・ヘルス事業団「早稲田イーライフ」
　元気創出！　介護予防でQOL向上コンシェルジュ 57

導入編事例4 デイサービス「La miyabi美穂ヶ丘」
　「食で地方創生」をクラウドファンディングで支援する 62

導入編事例5 社会福祉法人光朔会「オリンピア」
地域連携のさきがけ 65

導入編事例6 株式会社「やさしい手」
一億総活躍社会・社会的包摂を自社で実行
「住み慣れた家で安心して老いる」.................................. 68

導入編[番外] 事例7 株式会社エルダリーリビング「デイサービス・ラスベガス」
介護予防に革命！ アミューズメント型テーマ通所介護 74

導入編[番外] 事例8 リハビリセンター「ホコル」
脳科学とバイオメカニクスを基にフィットネス＋歩行 78

取材を終えて ―課題と提言― 82

「介護保険外サービス」実践編 86

実践編事例9 株式会社はっぴ～ライフ「3RD Place」
機能訓練とフィットネスを組み合わせたリハビリ提供 86
　　　　　　　　　株式会社はっぴ～ライフ 代表取締役社長　辻川泰史

実践編事例10 特定非営利活動法人 日本トラベルヘルパー協会
「トラベルヘルパー」
トラベルヘルパーの育成 89
　　　　　　　　特定非営利活動法人 日本トラベルヘルパー協会 理事　山村由美子

実践編事例11 株式会社マザーライク「フットケアサービス」
フットケアサービスの取り組み～介護・看護視点で足にフォーカス～ 96
　　　　　　　　　　　　株式会社マザーライク 代表取締役　木村　淳

実践編事例12 コミュニティホーム長者の森「コミュニティサロン」
地域密着のコミュニティサロンの運営 101
　　　　　　　　　　　コミュニティホーム長者の森 取締役　石原孝之

実践編事例13 有限会社メディカルマーチン「ケアトランポリン」
認知症ケアや機能訓練に有効なケアトランポリン 107
　　　　　　　　　　　　有限会社メディカルマーチン 代表　十川正啓

実践編事例14 東郷倶楽部「えかったハウス」
「生まれてきてよかった」「生きてきてよかった」と
感じられる場所 110
　　　　　　　　　　医療法人社団医輝会 理事長／東郷倶楽部 代表　東郷清児

第4章 介護保険外サービス提供時のルール＆取り決め

小濱介護経営事務所 代表　小濱道博

1．常勤や専従の考え方 ……………………………………………………………… 114
2．介護保険サービスと完全に区分する …………………………………………… 116
3．介護事業所内で介護保険外サービスを提供する場合 ………………………… 117
4．人の確保と標準化 ………………………………………………………………… 119

株式会社東邦マルニサービス 副社長／株式会社楽和ケアセンター 代表　長田賢士

5．会計の区分における会計処理 …………………………………………………… 121
6．事故発生時の対応とクレーム処理 ……………………………………………… 123
7．行政とケアマネジャーの理解を得る …………………………………………… 124
8．居宅サービス計画への位置づけ ………………………………………………… 126

第5章 障害福祉サービス

小濱介護経営事務所 代表　小濱道博

1．障害福祉サービスとは …………………………………………………………… 128
2．障害福祉サービスの種類 ………………………………………………………… 130
3．障害福祉サービスの許認可手続きのポイント ………………………………… 139
4．放課後等デイサービス …………………………………………………………… 141

おざわ行政書士事務所 代表　小澤信朗

5．障がい者グループホーム ………………………………………………………… 147

積水ハウス株式会社 医療・介護推進事業部 課長　山村由美子

6．居宅介護，重度障害，行動援護 ………………………………………………… 153
7．移動支援サービス（ガイドヘルプサービス） ………………………………… 154
8．介護タクシー（福祉有償運送） ………………………………………………… 155

第6章 保険外サービス活用ガイドブック解説

小濱介護経営事務所 代表　小濱道博

地域包括ケアシステム構築に向けた
公的介護保険外サービスの参考事例集 …………………………………………… 158

〈付録〉資料 …………………………………………………………………………… 165

小濱介護経営事務所 代表　小濱道博

第1章

キーワードは「混合介護」

小濱介護経営事務所 代表　小濱道博

1. 介護保険サービスの動向と今後の制度改正の方向

1）介護保険に依存しない体制づくりが急務

　東京商工リサーチから最終的にレポートされた平成27年の介護事業の倒産件数は76件でした（**図1**）。平成27年は過去最大の介護事業倒産が発生した年として記憶されることになったのです。開業5年未満で小規模の倒産が60％以上を占めますが，既存の事業者ですら新規利用者の獲得が難しくなっている現状にあって，安易に事業参入しても簡単に事業が軌道に乗る業界ではなくなっています。

　また，厚生労働省が平成28年1月25日に公表した介護給付費等実態調査月報（平成27年11月審査分）によると，請求総事業所数は200,658件と20万件を突破しました。そのうち，訪問介護は33,128事業所，通所介護は43,161事業所，居宅介護支援事業所は39,226事業所でした。

　介護サービス業のビジネスモデルは，基本的にスケールメリットの追求にあります。資金力に乏しく加算算定も難しい小規模事業者が生き残る道は厳しさを増しており，介護保険制度にだけ頼っていては，経営の安定化を図ることが難しい時代となりました。介護保険に依存しない体制づくりが急務です。

図1 ●平成27年介護事業倒産件数

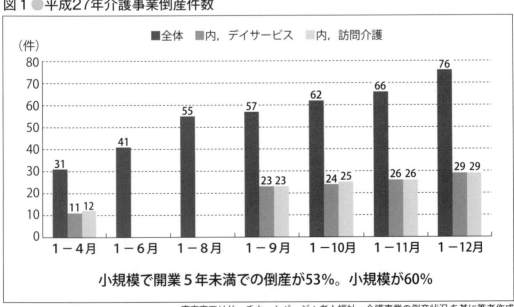

東京商工リサーチホームページ：老人福祉・介護事業の倒産状況.を基に筆者作成

2）近い将来，軽度者は介護保険から外れる

　国内においては2025年問題があります。2025（平成37）年には，団塊の世代の約600万人が75歳を迎えて後期高齢者となり，その多くが要介護認定を受けて介護保険サービスを利用する可能性が大きいのです。一方で，介護保険に回すことができる国の財布の中身は限られているため，介護給付総額が限界を超えて介護保険制度は破綻するといわれています。

　今，2025年問題を想定して社会福祉制度全体が見直されています。そのために「重点化」と「効率化」が必要であると厚生労働省は言い続けています。

●重点化

　「重点化」とは何でしょうか。

　目の前に介護保険を利用する要介護1～2の軽度者と，要介護3～5の重度者がいたとします。しかし，財布の中身は限られています。軽度者と重度者のどちらに，限られたお金を優先的に使うでしょうか。答えは，重度者です。

　その理由は，軽度者は自ら物事を成し遂げる能力が残されていますが，重度者は寝たきり状態で自ら物事を成し遂げる能力はほとんど残されていないからです。このような「重点化」により，近い将来要介護1～2の軽度者が介護給付から外されることは明白です。すでに平成27年より要支援者が市町村の総合事業に移されていますが，次は要介護1～2の軽度者であって，問題はその移行の時期だけです。

●効率化

　次に「効率化」とは何かを考えてみましょう。

　今後，介護保険サービスを構成するサービス内容の見直しが行われます。すでに訪問介護から生活援助サービスの切り離しが検討されているのもその一つです。

　その理由は，掃除・洗濯といったサービスは専門の介護職員が担当しなくても，家政婦・ハウスキーパー・ボランティアスタッフなどの代行が可能だからです。この「効率化」の考え方からも，介護保険に依存しない体制づくりの必要性が理解できます。

3）総合事業はボランティアスタッフが提供する

　事実，市町村の総合事業においては，従来は訪問介護事業者が担当してきた生活援助サービスは，基本的にボランティアスタッフに委譲されていきます。これが総合事業におけるサービスA（緩和された基準によるサービス）とサービスB（住民主体のサービス）です。

緩和された基準とは，元気な高齢者などが有償ボランティアスタッフとして生活援助サービスを提供することをいいます。その管理は基本的に，訪問介護事業者が主体で行いますが，掃除，洗濯といったサービスだけを提供するのであれば初任者研修終了などの資格は不要です。専業主婦や元気な高齢者などが無資格で担当できますので，求人もしやすいと考えられます。

　市町村が主体の総合事業は，最終的には，身体介護や機能訓練などの一部の専門的なサービスを除いて，ボランティアスタッフが提供することになります。

4）プロのサービスを受け続けたいというニーズ

　近い将来，要支援者や軽度者が介護給付対象から外され，総合事業のボランティアスタッフのサービスに移ると仮定します。それまではプロフェッショナルである有資格者の介護職員が提供するサービスを受けていた利用者が，ある時点から素人であるボランティアスタッフのサービスに移行された後も満足するでしょうか。答えは否です。

　資金的に余裕のある利用者は，10割相当の支払いが必要であっても，従来通りプロフェッショナルである介護職員のサービスを受け続けたいと思うでしょう。ここに，新しい介護保険外サービスの市場が形成されていくことになります。

5）団塊の世代への世代交代に備える

　前述したように，2025年には団塊の世代が75歳を迎え，介護サービス利用者の中心となっていきます。この団塊の世代はビートルズ世代と呼ばれるとおり，ビートルズをリアルタイムで聞いて育った世代です。また，就職の時期は日本の高度成長期に当たり，金の卵としてもてはやされました。そして，1990年代のバブル経済期には40代となり，脂ののりきった中間管理職として活躍，65歳で退職金を得て定年退職し，現在の水準の高い年金を受給しているという人が多くいます。

　資金も，時間も，知識も，経験も豊富な団塊の世代は，アクティブエイジング（活動的な高齢者）もしくは，わがまま世代とも呼ばれています。その名の通り，自分の価値観をしっかりと持っており，必要なものや価値の高いものには十分にお金を投資する傾向にあります。

6）介護保険はランチメニュー，介護保険外は一品料理

　介護保険サービスは，そのコンセプトとして平等主義があります。所得や環境に

関係なくすべての要介護認定者が同じようなサービスを同じ値段で利用することができます。これは，ある意味でランチメニューです。

昼食の時間帯は，どこの喫茶店やレストランに入っても同じようなランチメニューが同じような値段で提供されています。わがまま世代である団塊の世代は，ランチメニューも普通に食べますが一品料理やフルコース，さらには裏メニューも食べたい世代であると考えられます。そのため，ランチメニューのみを提供する店はニーズに合わないと思ったら利用することはないでしょう。

一品料理やフルコースを介護サービスで提供しようとするならば，それは介護保険外サービスとして提供するしか方法はありません。したがって，介護保険外サービスの提供は，これから利用者の中心となる団塊の世代に対して必須です。どのような介護保険外サービスを提供できるかが差別化となり，事業コンセプトとなっていくのです。

これからの介護サービス事業は，介護保険外サービスを提供できないと成り立たないといっても過言ではありません。ランチメニュー（介護保険サービス）＋一品料理（介護保険外サービス）をセットで提供すること，つまり混合介護という形態でのサービス提供が求められているのです。

2. 地域包括ケアと日本の高齢化率

1）「地域包括ケア」の理想と課題

地域包括ケアを言い表す時に用いられる言葉として，厚生労働省のホームページの表現を抜粋します。

> 厚生労働省においては，2025年を目途に，高齢者の尊厳の保持と自立生活の支援の目的のもとで，可能な限り住み慣れた地域で，自分らしい暮らしを人生の最期まで続けることができるよう，地域の包括的な支援・サービス提供体制（地域包括ケアシステム）の構築を推進しています。

繰り返しになりますが，2025年は，団塊の世代（約700万人）が後期高齢者すなわち75歳を迎える年です。日本の高齢化率は30％を超え，日本人のほぼ3人に1人が65歳以上という，世界に類を見ない超高齢社会が出現します。

この原因は出生率の低下にあります。2015（平成27）年の合計特殊出生率は1.46でしたが，夫婦2人から子どもが1.46人しか生まれないのですから，日本の人口

は減る一方です。つまり，現代の高齢化率の急増の原因は，高齢者が多いのではなくて，子どもが少ないのです。この問題が改善されるまでには，長い年月を要するでしょう。

　また，現在の社会保障制度は，若い世代の負担で高齢者の社会保障を支える仕組みです。年金しかり，介護保険しかり，医療保険しかり。その制度の根幹を支える若年層が年々減っているのですから，近い将来において確実に社会保障制度の仕組みは破綻します。そのために社会保障制度を根本から見直す必要に迫られているのです。その一つのゴールが2025年です。

　同じく，厚生労働省のホームページにおいて，地域包括ケアシステムは「保険者である市町村や都道府県が，地域の自主性や主体性に基づき，地域の特性に応じて作り上げていくことが必要」と記されています。具体的には，多職種協働により在宅医療・介護を一体的に提供できる体制を構築することと，高齢者が社会的役割を持つことで，生きがいや介護予防にもつなげる取り組みが挙げられています。

　現在，急性期における病気などの治療は医療保険を使い，在宅復帰のためのリハビリなどの慢性期の治療は介護保険を使って行いますが，地域包括ケアシステムの中では，これを境目のない連携システムを構築して同じ仕組みの中で実現することを目指しています。そして，市町村の総合事業の取り組み同様に，主に元気な高齢者がボランティア活動の一環を担い，要介護状態となった高齢者を支援します。一億総活躍社会の実現です。

　これらが実現された時，社会保障費は大きな節減が可能となります。しかし，それをいかに実現するかが大きな課題でもあります。

2）「地域包括ケアシステム」により混合介護形態でのニーズが拡大

　地域包括ケアシステムとは何でしょうか。その本質的な目的は，国の負担が大きい病院への入院や介護施設の入所は最低限の利用に抑えて，可能な限り重度の介護状態になっても病院に入院せず，施設に入所せず，居宅で暮らして居宅で亡くなる仕組みに移行させることにあります。

　現在，軽度の要介護者のケアは地域住民のボランティア活動にシフトし，在宅で過ごす重度者のケアとして在宅の医療・介護サービスを24時間体制で提供するシステムが構築されようとしています。そして，最終的には介護保険の対象は重度者に限定され，軽度者は市町村の総合事業の対象に移行します。社会保障費を負担する若年人口が年々減っているために必要な「やりくり」と言ってもよいでしょう。

介護サービス事業は，必然的に重度者ケア，認知症ケアへの早期の取り組みが重要となっていきます。軽度者は将来的には，介護保険サービスにおいての利用者ではなくなります。これは，平成27年度介護報酬改定において新設された加算が参考となります。

例えば，訪問介護の特定事業所加算Ⅳは要介護3以上の利用者が60％以上，通所介護の中重度者ケア体制加算は同じく30％以上が算定要件です。さらには，特別養護老人ホームが日常生活継続支援加算の関連で実質的に要介護4以上の施設になったことの影響も大きいといえます。介護老人保健施設は1年から半年程度で退所となる在宅復帰強化型への移行が進み，病院に入院しても3カ月で退院というのが現状です。

その結果，中度者までの居場所は在宅しかなくなります。さらに認知症加算が一般の通所介護に新設された意味も考慮すべきです。加算は，国の望む方向に対して報酬を設けるものですが，将来的に介護給付から外されても，その介護サービスへのニーズがなくなることはありません。1割負担が10割負担に変わっても，介護保険給付から外されたサービスは，介護保険外サービス市場として新たに形成されます。将来的に介護事業者は，重度者は介護保険サービス，軽度者は介護保険外サービスという2つのサービスを同時並行的に提供することが求められるでしょう。

前述したように，介護保険サービスは，その基本的なコンセプトにおいて，利用者の誰もが同じ料金で同じサービスを受けることができるランチメニューサービスの位置づけです。しかし今後は，資金的に余裕がある団塊の世代を中心に，オーダーメードの介護保険外サービスをプラスした混合介護形態でのニーズが拡大していくことは明らかです。

3）介護事業における「多角的なサービス展開」とは

多角的という言葉を辞書で引くと「いくつかの方面にわたるさま」とあり，「多様」とも表記されています。現状として，特に小規模な介護事業者の多くは，介護保険サービスに偏った一面的なサービスを運営しています。すなわち，通所介護なら通所介護，訪問介護なら訪問介護と1つのサービスに集約しているのです。

居宅介護支援事業所の併設は比較的多いとは思いますが，それは主事業の補完的な性格が強いので，一面的といって間違いはないです。一面的なサービス提供はパワーを集約して集中できるというメリットがあるものの，経営的なリスクの方が大きいといえます。

これは，毎回の介護保険制度改正および介護報酬改定を見ると明らかです。小規模型通所介護は平成28年4月より市町村許認可による地域密着型通所介護に移行しました。介護報酬は平成27年度には9％以上の減額となりました。それを加算算定で補填しようにも，新設の加算を含めて人員増加を算定要件とする加算が大部分であるために算定は難しく，経費のスリム化，人件費率の見直しに着手する以外，収益改善の方法がない状態に追い込まれました。一部では廃業も進んでいます。
　このように制度改正で多大な影響を受ける経営リスクが，許認可事業である介護保険サービスにはあります。しかし，例えば，通所介護以外に許認可を受けている介護保険サービスの併設や，他の事業を同時に手がけている場合は，それらでフォローし合うことが可能です。一方で，一面的なサービス提供では，人件費率の見直しの結果として配置人数の削減という結果を選択する場合も，最悪の場合は解雇という手段を取らざるを得ません。そして，会社都合で解雇を行った場合は，それ以降の一定期間は助成金などの申請ができないというペナルティを負うことになります。このような状況となった場合でも，複数の事業を営んでいる場合には，配置転換という形で対応することが可能です。

4）経営のリスク分散が必要

　最低の職員配置を実施した場合，最大の経営リスクは職員の急な休みや退職です。すぐに代替の職員を補充することは難しいだけでなく，補充できなかった場合には人員基準違反となり，30％の減算や行政処分が科せられます。これらのリスクに対しても，複数の介護サービスを手がける場合にはグループ内で人のやりくりが可能です。これを経営のリスク分散といいます。

5）介護事業の基本はスケールメリットにある

　繰り返しになりますが，介護サービスの基本ビジネスモデルはスケールメリット（規模の利益）の追求にあり，事業規模が大きくなるに比例して，収支差率（利益率）も増える仕組みが機能します。仮に小規模の利益率5％，大規模は10％の利益率とした場合，介護報酬の改定において一律5％の報酬ダウンとなった場合，小規模はトントンか赤字転落。大規模は5％の収益となったとしてもまだ十分に余裕があります。制度改正，介護報酬の最も確実な事前対策は，事業規模の拡大策にあるのです。
　しかし，一言で「事業規模の拡大が重要」といっても，簡単に事業を拡大できるほど介護業界は甘くありません。例えば，通所介護は平成27年4月集計で42,386

図2 ●介護報酬請求事業所数，コンビニ店舗数の比較

平成27年4月介護報酬請求事業所数	
厚生労働省：介護給付費実態調査月報（平成27年4月審査分）より	
訪問介護	32,636
通所介護	42,386
	（うち，小規模23,590）
居宅介護支援	38,541
計	113,563

平成27年4月コンビニ店舗数	
各FC本部ホームページ公表データー	
セブンイレブン	17,569
ローソン	12,164
ファミリーマート	11,352
計	41,085

介護報酬請求総事業所数　194,578（予防含む）
総コンビニ店舗数　55,508（14チェーン）

事業所，うち小規模は23,590事業所でした。同時期に，セブンイレブン・ローソン・ファミリーマートの店舗数が41,085店舗でしたので，それ以上の通所介護が存在しているのです（**図2**）。これは通所介護がコンビニ化し，飽和状態にあることを意味します。独自の路線で差別化を図らなければ，他の事業所の中に埋没してしまうでしょう。

かといって，神戸市がカジノ型のアミューズメントデイサービスへの規制を打ち出したことのように，本来の役割から逸脱するとみられた場合は規制強化で制限されてしまいます。許認可事業であるが故に，コンプライアンスを遵守することが最重要であり，一般企業の理論，理屈，マネジメントが通用しない部分が数多く存在することを認識しなければなりません。

再度お伝えします。介護業界のビジネスモデルは集約型ではなく，スケールメリットの追求にあります。そして，介護制度改正の後も異業種からの介護サービス事業参入は加速しています。経営力のある大手企業にとって，まだまだ介護サービス業は魅力的で，さらなる市場拡大が期待されており，その最も手軽な多角的なサービスとして，介護保険外サービスが注目されているのです。

3．混合介護の必要性と課題

1）介護事業における混合介護とは

介護サービスには，利用者が区分支給限度額内において1割負担（高所得者は2割）で利用できる「介護保険サービス」と，介護保険が適用されない「介護保険外サービス」があります。この中で，区分支給限度額を超えて10割負担で利用する

図3 ●混合介護の推進～上乗せサービスと横出しサービス

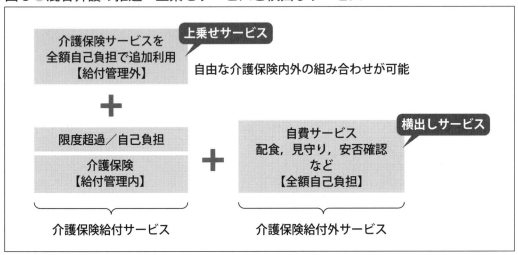

部分を「上乗せサービス」,介護保険外サービスや自治体独自のサービスを「横出しサービス」といいます。

そして,介護保険サービスと介護保険外サービスを組み合わせて提供することを「混合介護」といいます(**図3**)。

医療保険制度では医療保険内外を組み合わせて利用する混合医療は基本的に認められていませんが,介護保険制度においては,混合介護は認められています。介護報酬の引き下げや規制強化によって制度に依存した事業展開に厳しさを増す昨今において,介護保険外サービスをもう一つの経営の柱に据えることは必然といえます。

2) これからの介護事業における「介護保険外サービス」とは

介護サービス事業所が手がける介護保険外サービスは千差万別です。一般的に行われている介護保険外サービスとしては,訪問介護であれば病院の付き添いや家政婦サービス,通所介護であればお泊まりサービスなどがあります。介護タクシーも介護保険外サービスの一つです。

近年,脚光を浴びているサービスが,旅行などへの付き添いヘルプサービスを行うトラベルヘルパー(外出支援専門員)です。NPO法人日本トラベルヘルパー協会が講座を開設していて,フリーアナウンサーの町亞聖さんが取得したことでも話題となりました。介護タクシーとトラベルヘルパーを組み合わせて国内旅行を提供するサービスもあります。

旅行以外でも,観劇,観戦,レストランでの食事などの付き添いのニーズは多くあります。また,定期的な安否確認・見守りサービスはすでに普及しています。急な慶弔関係で,家族が泊まりがけで出かける必要に迫られた時,事前にケアプラン

の位置づけが必要なショートステイなどは利用できませんが，そのような時に対応するエイジドシッターサービスなども考えられます。他にも，散歩の同行や話し相手サービス，墓参り代行，買い物代行に草木の世話など，介護保険外サービスのニーズと可能性は無限にあります。

また，介護保険外サービスは自由設計が可能で，料金体系も需給バランスを考えて設定できます。このような介護保険ではカバーできない生活支援分野における介護保険外サービスと介護保険サービスをパッケージしたサービスプランの提供は，近い将来には一般化するでしょう。

3）介護保険外サービス導入のメリット

高齢者と一言でいっても，会社員と同じく所得階層は多岐にわたります。現状から考えると，介護保険外サービスの導入に当たっては，高齢者の富裕層向けにターゲットを絞った高級オーダーメイドサービスの開発と提供を視野に入れるべきでしょう。また，各種相談・プランニングサービス，遠方の家族に代わっての話し相手代行サービス，退院後の親のお世話，認知症の親の見守りサービスなど，高齢者本人だけでなく，その家族に対するサービスも考えられます。

では，このような介護保険外サービスを手がけることでどのようなメリットがあるのでしょうか。それはいうまでもなく，減り続ける介護報酬の利益分の補填であり，飽和状態となっている介護サービス事業の中での明確な差別化，すなわちブランディングです。今後の介護報酬改定でプラス査定を期待することは難しい状況です。さらに引き下げが行われると考えて，制度改正の対応策を取るべきです。介護保険サービスの収入だけに頼るのではなく，もう一つの経営の柱を築かないと事業所経営の未来は暗いといえます。

また，前述したように，通所介護がコンビニ並みの事業所数となった現在において，他の事業所との差別化を明確に打ち出さないと，その他大勢の中に埋没してしまい，新規利用者および職員の獲得競争において非常に不利な状況となります。これからの介護事業経営においては，自己主張が大切となり，他の事業所と異なる介護保険外サービスの提供がすなわち差別化に直結します。その手がける介護保険外サービスに強いニーズがある場合，介護保険サービスの新規利用者の獲得は容易となります。

さらに，介護保険サービスと異なるサービスを担当することがリフレッシュにもなり，虐待などで問題視されている介護職員のメンタルヘルスにも良い影響を与えると期待できます。

4）役所の理解が必要なサービス

　介護保険外サービスは，保険者である役所とケアマネジャーの理解を得て市民権を獲得しているとは言い難い部分があります。特に，役所は介護サービス事業者の指導管理を行う上で，介護保険外サービスが介護保険サービスの業務プロセスの中に混在することを嫌います。

　例えば，訪問介護事業所は作業効率を考えて，10時から11時までは介護保険サービスとして身体介護を提供し，同じ担当者がそのまま続けて11時から12時まで介護保険外サービスとして同居家族の部屋の清掃を行うとします。この場合，ほとんどの役所において，担当者がいったん事業所に戻ってから介護保険外サービスを提供するために出直すか，別の担当者が介護保険外サービスを担当するように指導しています。これは同じ担当者が2つのサービスを連続して行った場合に，介護保険サービスと介護保険外サービスの境目が曖昧となることで不正が起こる可能性を排除するためであり，行政指導において明確な区切りを求めるからです。

5）ケアマネジャーの理解を得る努力が必要

　ケアマネジャーにおいては，全額が利用者の自己負担となる介護保険外サービスをケアプランに位置づけることへの抵抗はいまだに大きいものがあります。そのため，介護保険外サービスをケアプランに位置づけることを提案してもなかなかいい顔をしません。

　この原因の一つには，役所もケアマネジャーも介護保険サービスだけで十分だという意識があります。また，利用者への説明にも難しい部分があり，介護保険外サービスの開発と普及は容易ではありませんでした。

　介護サービスは1割負担で使えるのに，介護保険外サービスは全額を利用者が自己負担しなければなりません。その理解を得るには，サービスの明確な違いと合理的な料金説明を行う必要があるのです。

6）一番の課題は人材の確保

　さらに，介護事業所が介護保険外サービスを手がけようとした時に，大きな壁が立ちはだかります。それは人材の確保です。今，介護サービス業界は慢性的，経常的な人材不足に陥っており，いかに人材を確保して教育して業務の標準化を図っていくかが大きな課題となっています。

　この現状において，介護保険外サービスを手がけたくても担当する人材がいない

というジレンマや，人材を確保できても介護保険外サービスの質の確保が難しいとの思いもあるでしょう。つまり，介護保険外サービス業務を標準化して提供するための教育訓練の時間も，ノウハウもない事業所が多いのです。

7）コンプライアンスは遵守する

　介護保険外サービスの導入に当たっては，将来の実地指導を想定してコンプライアンスも遵守しなければなりません。前述したように，行政は介護保険サービス担当職員による介護保険外サービスの兼務や業務の混同を嫌います。また，介護保険サービスにおける人員基準上で常勤専従が求められる職種，例えば訪問介護のサービス提供責任者が介護保険外サービスを担当した時点で兼務となります。これは明確な人員基準違反であり，行政処分の対象となります。

　介護保険外サービス事業が軌道に乗っても，介護保険サービス事業が行政処分で業務停止や指定取り消しになり，多額の介護報酬返還になっては元も子もありません。悪質なサービスを提供する事業者が横行すると，今度は介護保険外サービスの規制強化につながります。そのような事態を予防するためにも，相互監視や協会設置などによる体制づくりも将来は考える必要があります。

　いずれにしても，しっかりと介護保険外サービスの事業コンセプトを確立して，利用者と職員双方にとって魅力的なサービス展開をするとともに，法令遵守に努めることが重要です。そのため，介護保険外サービス開始前の事前検討と，役所との事前協議は念には念を入れて十分以上に行う必要があります。

8）告知して初めて普及する

　ここまで述べたようなことを踏まえ，下地を十分に築いた上で，介護保険外サービスの質の確保への取り組みや提供サービスの特徴，提供する事業者の明確な情報をケアマネジャーや利用者，その家族に告知する仕組みをつくる必要があります。ホームページ，ブログ，SNSなどのインターネットツール，チラシやパンフレット，事業所通信などを駆使して十分以上に告知を行い，認知を得ていくことが重要です。

4．まとめ
―介護報酬に依存しない介護事業所経営を目指して―

1）介護報酬への依存体質は危険です

　介護保険制度の改正や介護報酬改定の時に，最も経営のリスクが高いのが，介護報酬への依存体質が高く，一つのサービスに集中的に取り組んでいる介護事業者です。国が景気の良い時，政策的に力を入れている時は順風満帆で事業が拡大しますが，財政が悪化して厳しい状態の時は真っ先に制限が強化されるため，制度改正や介護報酬改定の逆風をもろに受けることになります。会社経営の鉄則として，収入源の単一化は大きなリスクです。経営のリスク分散は，事業経営における基本中の基本です。

2）今後は重度者が在宅で過ごす機会が増える

　介護事業にはスケールメリットが有効です。利用者が多くなるほど，事業規模が大きいほど収支差率，すなわち利益率が拡大していきます。そして，事業規模の拡大策とともに真剣に取り組むべき課題が「事業の多角経営化」です。

　事業を多角化していくことで団塊の世代の嗜好やニーズにトータルに対応できます。今後，地域包括ケアシステムの構築が進むと，重度の要介護者が病院には長期間の入院ができず，介護施設も老人保健施設は短期間で退所となり，特別養護老人ホームは重度者中心になります。現在の在宅介護サービスの利用者は，要介護1～2の軽度者が6割を占め，要介護3まで加えると実に80％が軽度の利用者であるというデータがあり，この理由も明確です。重度になると病院に入院するか，施設に入所するため，在宅で過ごす利用者が軽度者中心となり，その結果，在宅サービスの利用者は軽度者が多くなっているのです。

　しかし，地域包括ケアシステムの構築によって，今後は重度者が在宅で過ごす機会が増え，在宅介護サービスの利用者も重度化してくるでしょう。その場合，在宅サービスも24時間体制を整えることが急務になります。

　これからの介護サービスはベンチャー事業になり得ます。今まで予想もしなかったアイデアが満ちあふれ，大きく形を変えながら，自由競争市場の中で発展するのが介護サービス事業なのです。

3）混合介護による介護ビジネスの拡大

　平成21年，厚生労働省所轄公益法人であるシルバービジネス振興会の報告書に「混合介護」という見慣れない言葉がありました。「訪問介護サービスにおける『混合介護』の促進に向けた調査研究事業報告書」がそれです。

　その後，平成25年11月産業競争力会議医療・介護等分科会における「今後の具体的な検討項目について」の中で，「混合介護の普及・促進・介護保険における『横出し』『上乗せ』サービス（混合介護）の提供が可能である旨を明確にし，一層の普及を図る」と記されました。平成26年5月には，財務省財政制度等審議会が提出した「財政健全化に向けた基本的考え方」において，「介護分野では，地域における保険外サービスの内容，質，料金等の情報の充実やケアプラン作成の際のその積極的な活用などにより混合介護を普及・促進させていく必要がある」と記され，この実現のために「次世代ヘルスケア産業協議会」が立ち上げられています。この「混合介護」という言葉は，これまでも頻繁に用いられてきたのです。

4）介護保険だけが事業者の仕事ではない

　介護事業者は，利用者が1割負担で利用できる介護保険サービスが本来業務であるという認識が強く，その結果として介護報酬への依存体質となって，制度改正や報酬改定に一喜一憂して振り回されています。しかし，介護保険制度は，利用者が1割負担で利用できる介護保険サービスだけを想定しているのではありません。区分支給限度額は，あくまでも1カ月の中で利用者が一割負担で利用できる上限単位（金額）を示しているに過ぎないのです。

　区分支給限度額を超えた場合は，自己負担10割を支払うことで利用者の好きなサービスを好きなだけ利用できます。この限度超過の部分を「上乗せサービス」といいます。また，介護保険外サービスも，全額を自己負担もしくは行政側の補助を用いて提供できます。これを「横出しサービス」といいます。

　そして，介護保険サービスと介護保険外サービスの両方を同時に提供する市場を「混合介護市場」といいます。この市場では，介護保険サービス単独では事業収支が伴わなくても，利用者を囲い込み，介護保険外サービスの提供も含めてのトータルなサービス提供での相乗効果を得ることが可能です。

　しかし，介護業界は慢性的な人材不足に陥っているため，人の確保という大きな障壁があります。また，コンプライアンスも遵守しなければなりません。それらをクリアするためには，しっかりとした事業コンセプトを確立して，利用者と職員双

方にとって魅力的なサービス展開する必要があるのです。

5）介護予防サービスの切り離しはチャンス

　介護予防サービスが順次，介護保険から外れて市町村の総合事業に移行することは，一般企業のシルバービジネスのチャンスも大きく拡大させます。今後の高齢者の中心となる団塊の世代には豊富な時間と資金力があります。介護保険の枠にとらわれない介護保険外サービス分野でも，健康維持や介護予防，アンチエイジングなどの価値を見いだすことができれば多くの需要が見込まれます。

　ここで重要となるのが，介護保険サービス＋介護保険外サービスのパッケージ商品化，混合介護という考え方です。国の財政事情により介護保険から軽度者を切り捨てて地域のボランティア活動に依存し，専門的サービスを重視する方向性は，シルバービジネス産業にとって強い追い風です。

　また，介護保険の適用範囲が徐々に狭まる方向の中で，制度から外される介護サービスがさらに出てきますが，介護保険から外れたからといっても介護のニーズはなくなりません。むしろ介護保険外サービスの存在意義はより一層拡大し，介護保険外市場が急成長する基盤ができるでしょう。介護事業の経営にとって，制度改正というプラス発想での追い風を受けながら，顧客層の囲い込みという視点での多角的な事業展開の検討も含めて，高齢者市場に投入する介護保険外サービスの開発と本格的な事業展開に向けた事業戦略，戦術を早急に検討すべき時がきています。

第2章

介護保険外サービス導入の解説・総論

1. 今の財「ひと，もの，かね」を知る

株式会社東邦マルニサービス　副社長
株式会社楽和ケアセンター　代表　　長田賢士

　会社経営にとって「ひと，もの，かね」はなくてはならない要素です。経営の三要素とも呼ばれ，介護事業の経営においてもそれは例外ではありません。また，「ひと」「もの」「かね」の順番はキャッシュフローを生む力の順ともいわれています。ここでは，この3つの要素について介護事業経営の観点から考えていきたいと思います。

1）「ひと」

　「ひと」「もの」「かね」について，介護事業経営ではどれが最も重要でしょうか。その答えは「ひと」です。「もの」「かね」がなければ事業経営に支障を来すことは確かです。しかし，その事業の開始・継続・拡大は「ひと」なしでは成り立ちません。働く「ひと」（従業員）とサービスを受ける「ひと」（利用者）がいて初めて介護事業の経営が成り立ちます。「ひと」（従業員）がいても「ひと」（利用者）がいなければ売り上げは上がらず，「ひと」（利用者）がいても「ひと」（従業員）がいなければサービスの提供はできないのです。

　対人援助サービスとも呼ばれる介護事業において，「ひと」（従業員）は最も重要です。「ひと＝財産」ともいいますが，まさに介護事業はそれが当てはまります。介護事業に携わる人材は，その多くが国家資格などの有資格者であり，いわゆる専門職と呼ばれています。それらの専門職が介護サービスを提供することによって得られる報酬が，事業の繁栄につながっているのです。

　また，平成12年に介護保険制度が始まって16年が経過した今，サービスを受ける利用者の消費者意識はますます高まっています。その結果，介護の専門職として利用者が満足いく介護サービスを提供するのはもちろんのこと，サービス業としての質や満足度も求められるようになってきました。利用者の満足度が低ければその事業所は選ばれなくなり，結果として事業の存続が困難になるでしょう。今や介護事業所は，利用者の顧客満足度を上げるために，サービス業としての在り方も含めた人材教育，人材育成を行う必要があるのです。

　一方で，介護業界は類似業界ともいわれ，同じ事業種別で同じ介護度の利用者に対してサービスを提供した場合，地域区分や算定する加算による違いはありますが，原則として介護報酬は同等とされています。つまり，優秀な人材を集めて質の

高いサービスを提供しても，またその逆の場合であってもサービスを提供したことに対する報酬は同じなのです。

しかし，どの事業所を利用するか決定権を持っているのは利用者です。同じお金を払ってサービスを受けるなら，満足できるサービスを求めるのは当然のことであり，介護事業者は利用者に選ばれる事業所づくりをしなければなりません。

そのために必要となるのが，次のような取り組みです。

- 従業員が働きやすい環境の整備
- 専門職，サービス業として質を高めることのできるような研修，教育の提供
- 目標や方向性を共有できる体制づくり……など

このような取り組みを通じて「ひと」（従業員，利用者，家族，関係者）を大切にする会社組織を構築することが，利用者から選ばれる事業所づくりの基本となります。

また，これからの介護事業経営においては，「ひと」（従業員）で差別化を図ることが，生き残るための経営戦略の一つとなるでしょう。「ひと」がいれば新たなアイデアや提案も生まれます。そして，さまざまな視点から物事を考えることもできます。従業員も利用者も含めて「ひと」が集まる事業所こそ，介護事業所が生き残るための重要要素なのです。

2）「もの」

「もの」と一言でいっても，その環境や背景によってさまざまなとらえ方があります。商品や製品を作り出す材料や原料，部品，機械，事務用品，店舗なども「もの」に分類されます。

また，「もの」には「必要なもの」「あればよいもの」「なくてもよいもの」「まったく必要ないもの」などがあり，その時々において優先順位が変わります。そのため会社経営においては，「必要なもの」は何か，「あればよいもの」はいつまでにあればよいかのを，あらかじめ明確にしておくことが求められるのです。

特に，事業を始めたばかりで軌道に乗るまでは，「必要なもの」の優先順位を決めておくことが重要です。優先順位を決めておかなければ，すぐに必要のないものまでも購入してしまい，結果「かね」（資金）が足りなくなることも考えられます。一方で，事業がある程度軌道に乗ってきたからといって，むやみやたらに「もの」を揃えることも会社経営を苦しめる結果につながります。

「もの」を準備する場合は，優先順位をつけることから始めるとよいでしょう。

3)「かね」

　「ひと」(従業員)を確保するにも「もの」を揃えるにも「かね」が必要です。つまり,「かね」があってこそ,「ひと」や「もの」への投資が可能となるのです。また,「ひと」(従業員)を増やせば「かね」(給与,福利厚生など)がかかり,「ひと」(従業員,利用者)が増えれば「もの」(設備など)も増えます。

　事業の開始や拡大に当たっては,手元にある「かね」(自己資金)を投資したり,銀行や金融機関から「かね」(事業資金)を借りたり(融資)しますが,いずれの場合にしても「ひと」「もの」同様に「かね」は必要です。しかし,介護事業の経営を考えた場合,「かね」から「かね」が生まれることはありません。「かね」を使って「ひと」や「もの」に投資し利用者に対してサービスを提供した結果「かね」(利益)が生まれ,その「かね」を使って事業を継続・拡大していくのです。

　新たに事業を始める場合は「かね」(事業資金)がどのくらい必要なのか計画を立て,必要な「かね」を準備します。事業を継続・拡大していくには,現金・定期預金・有価証券など,自社の資金状況などを把握しておかなければ,無謀な計画になってしまうでしょう。これからの介護事業経営を考えた場合,介護報酬が大きく増加することは考えにくく,要支援の介護給付からの切り離しや,利用者の負担割合の増加などを考えた場合,介護保険事業だけにぶら下がっていては経営は厳しくなる一方です。介護保険外サービスや生活支援サービスなど介護保険に関連した多角的な事業経営が求められますが,その場合においても当然「かね」は必要となってきます。

　「ひと」「もの」「かね」という経営の三要素は,どれか一つでも欠ければ事業の存続や成功は危ぶまれます。介護事業経営においては,常に「ひと」「もの」「かね」のバランスを考えなければならず,介護保険制度が変化するように会社も常に変化に対応する必要があります。「ひと」「もの」「かね」の三要素を上手に使いながら,時代の変化に対応できる能力が今後の介護事業経営には求められます。

専門学校卒業後7年半現場に携わる。通所介護・介護付有料老人ホーム等の立ち上げ,管理者業務にかかわり,2012年株式会社マルニサービスを設立。介護コンサルタントとして介護経営支援,介護事業所開設・運営支援,介護経営セミナー等を業務とし,全国の介護事業所の経営支援に携わる。コンプライアンス支援を得意とし,全国の運営支援に当たる(2015年実地指導立ち合い件数30件)。2015年株式会社楽和ケアセンター代表就任(リハビリ特化デイサービス事業),2016年株式会社東邦マルニサービス副社長就任(訪問介護・介護タクシー事業)。介護福祉士・介護福祉経営士2級。
執筆:デイの経営と運営他

2. 介護保険外サービス市場

小濱介護経営事務所 代表 小濱道博

1) 日本政策金融公庫の報告書から

　平成28年1月から2月にかけて日本政策金融公庫から公表された2つの報告があります。1つは、「訪問・通所介護事業者経営実態」であり、もう1つは「介護者から見た介護サービスの利用状況」です。以下が、それらの中で介護保険外サービスに触れた部分の概要となります。

●訪問・通所介護事業者経営実態（図1）
・介護保険外サービスを提供している企業は全体の28.6％を占めているが、訪問介護を営んでいない場合は10％程度と少なく、訪問介護と合わせて提供している企業が多い。
・通所介護では、「お泊まりデイサービス」を提供する割合が13.6％あり、その場合の宿泊料金は平均値で2,700円。
・介護保険外サービスの1カ月当たりの売上高の平均値は、「訪問介護」「通所介護」「訪問介護と通所介護」のみの企業の場合では128万円。
・介護保険外サービスを行っているから訪問・通所介護の採算がよいということはない。

図1●介護保険外サービス事業を行っている事業所の割合

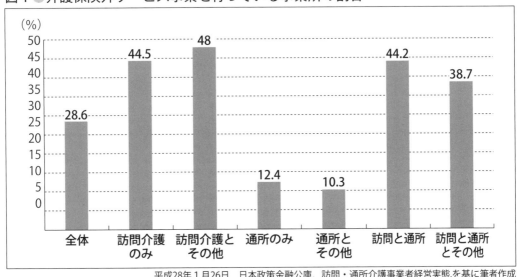

平成28年1月26日、日本政策金融公庫、訪問・通所介護事業者経営実態.を基に筆者作成

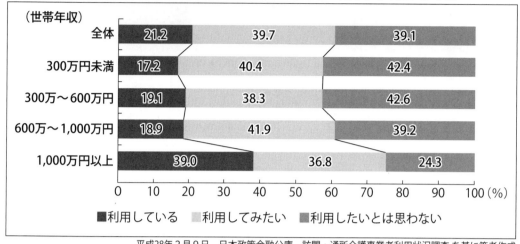

図2 ●介護保険外サービスの利用意向〜利用している・利用してみたいが6割〜

平成28年2月9日，日本政策金融公庫，訪問・通所介護事業者利用状況調査.を基に筆者作成

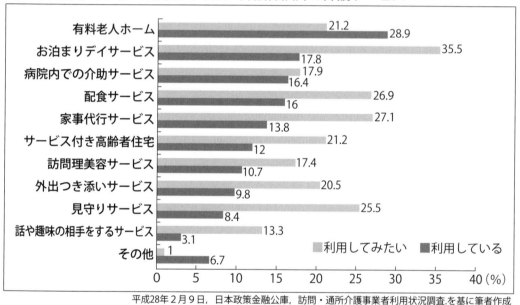

図3 ●利用している・利用してみたい介護保険外の介護サービス

平成28年2月9日，日本政策金融公庫，訪問・通所介護事業者利用状況調査.を基に筆者作成

●介護者から見た介護サービスの利用状況 （図2，3）

- 介護者（家族など）の介護保険外サービスの利用意向は，利用している，利用してみたいが6割。
- 年収300万円以下の世帯では，利用したいとは思わないが42.4％であるのに対して，年収1,000万円以上の世帯では24.3％。
- 利用している，利用してみたいサービスでは，お泊まりサービスが利用している17.8％，利用してみたい35.5％。
- 他では，配食サービス，家事代行サービス，見守りサービスが高い数値を示し，依然としてレスパイトサービスのニーズが介護者からは高い。

2）報告書から読む介護保険外サービス導入のポイント

　介護保険外サービスを提供する事業所の平均収入が月128万円，年間1,536万円という数字は，介護保険外サービスが十分に経営の柱となり得ることを示しています。

●通所介護への浸透率

　訪問介護サービスはすでに介護保険外サービスを提供している事業所が半数近くあります。一方で，通所介護事業所では12％にすぎず，提供されているサービスもお泊まりサービスに偏っているという結果からは，まだまだ通所介護においては介護保険外サービスが浸透していない現実が見えます。

●家族のニーズ

　現時点において，家族のニーズはレスパイトケア関連に集中しています。家庭内介護が基本とはいえ，家族も生活の維持が最優先であって，収入を得るために働くことが必要です。その勤務時間帯のレスパイトニーズが高いことは当然であるといえるでしょう。しかし同時に，現在提供されている介護保険外サービスの多くがレスパイト系のサービスに偏っていることも見逃せません。利用している，利用してみたいが6割を占めているということは，すでに介護保険外サービスが単独の市場として機能していることを物語っています。

●利用者の支払い能力

　年収区分では低所得層のニーズが低く，高所得層のニーズが高いことは，介護保険外サービスが利用者すべてに平等に提供されるものではないことがわかります。介護保険サービスにおいては利用者すべてが平等であり，所得に関係なく介護サービスは提供されなければなりません。そして，自己負担割合は年収によって決められており，低所得層には生活保護による全額補助や介護施設での補足給付制度などが設けられています。しかし，介護保険外サービスは全額が自己負担であって，公的な補助はありません。故に，その利用は利用者の支払い能力に左右されるということを理解しておく必要があるでしょう。

3）介護保険外サービスの顧客層

　前述したように，介護保険外サービスの利用は利用者の支払い能力に左右されます。低所得層は，生活のやりくりの中で利用が制限されるでしょう。その一方で，高所得層は必要があれば必要な分だけ利用するという傾向にあります。これは，介護保険外サービスの事業コンセプトや価格設定においては，介護保険サービスのように利用者すべての平等な利用を前提に考えるべきではないことを意味しています。

したがって，介護保険外サービスの導入に当たっては，一定以上の所得階層を念頭に置いてサービス内容と価格を決めていくことが必要です。今後，介護サービス利用者の中心となる団塊の世代は，その多くが高い資金力を持っています。団塊の世代が魅力を感じて購入したくなるようなサービスを開発することが重要です。

4）介護保険外サービスを開発する視点

今後はレスパイトニーズへの対応とともに，より幅広い視野を持って，より早く新規の介護保険外サービスを開発することが求められるでしょう。介護保険サービスのような制度上の基準や縛りがない介護保険外サービス市場の可能性は無限です。介護保険サービスの狭い視野で介護保険外サービスを考えてはいけません。既成概念を捨てて，自由な発想で，柔軟に取り組むことで，新しいニーズの発掘や開拓が可能となります。

5）既成概念を捨てて取り組むために

既成概念とは何でしょうか。その1つとして，「介護とはどうあるべきか。福祉とはどうあるべきか」という介護への思いや理念があります。これは介護事業の運営においては非常に重要な概念ですが，介護保険外サービスを考える時には弊害となる場合があります。いったん，これらの思いや理念を捨てて，利用者や家族が何を望んでいて，それにどう応えることができるかを広い視野で考える必要があります。

介護サービスのくくりの中で介護保険外サービスを考えていては失敗してしまうでしょう。一般企業同様に，広い視野で斬新な発想を受け入れる経営者の度量が必要です。誰もやっていないこと，誰もやろうとしないことの中に答えが埋まっています。繰り返しますが，介護保険外サービスの可能性は無限です。

6）混合介護市場の環境変化と可能性の拡大

介護保険外サービスと介護保険給付サービスを合わせてサービスを提供する混合介護の市場においては，介護保険サービスだけでは収益が赤字であっても，介護保険外サービスによって補填し，利用者を囲い込み，相乗効果で収益を得ることが可能となります。

これまでは介護保険制度の仕組みの中で，それを管理する役所とケアマネジャーの理解を得ることが難しく，介護保険外サービスの開発とその普及は容易ではありませんでした。しかし，今後の介護保険制度の改革の中で，介護保険サービスの対

象が重度者，短期滞在型，身体中心型へとシフトする方向性が追い風となり，介護保険外サービスとしての利用の可能性が高まっていくと考えられます。そして，これからの利用者の中心となる団塊の世代が求める個別ニーズへの対応と，独居や高齢者夫婦世帯向けの生活支援サービスの開発提供が求められています。今後は，サービスの量が著しく増加し，内容も多様化していくでしょう。

介護事業所として生き残るためには，利用者の生活パターンや性格，嗜好性などに合わせた介護保険外サービスの開発が急務です。

3. 介護保険外サービスとして考えられるもの

1）上乗せサービスと横出しサービス

第1章でも述べましたが，改めて「上乗せサービス」と「横出しサービス」の定義について解説します。

●上乗せサービス

介護保険では区分支給限度額として，介護度別に1カ月の上限が定めれています。しかし上限金額は，これ以上は利用できないという限度ではなく，利用者が1割もしくは2割負担で利用できる上限であって，利用者が10割を負担することで自分の好きなサービスを好きなだけ利用できるのが介護保険の仕組みです。この自己負担10割で利用する介護保険サービスを上乗せサービスといいます。

●横出しサービス

狭義のサービスとして，市町村の条例によって特別給付，または保健福祉事業で賄われている全額が自己負担のサービスがあります。その多くは，市町村が民間の事業者に委託しています。自己負担ですが，一般財源で補填されているため，直接に運営される民間サービスより利用者の負担は軽いのが一般的です。

一方で，広義のサービスとしては，介護保険の対象とならないさまざまなサービスが考えられます。

介護保険外サービスを検討する場合は，まずは上乗せサービスと横出しサービスを含めたトータル的なサービス提供を検討すべきです。

2）介護保険外サービスを導入する際に考えるべき2つの領域領域

介護保険サービスを中核とする第一の領域として，ケアプランに基づくサービス

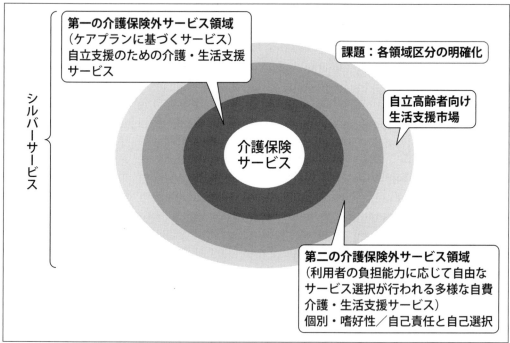

図4 ● 2つのレベルでの「介護保険外サービス市場」

シルバーサービス振興会，訪問介護サービスにおける「混合介護」の促進に向けた調査研究事業報告書.を基に筆者作成

提供があります（**図4**）。これは上乗せサービスとして区分支給限度額を超えて提供する限度超過の場合や，ケアマネジャーの判断で介護保険外サービスをケアプランに位置づける場合などが該当します。

ただし，横出しサービスなどの介護保険外サービスは介護保険制度の縛りを受けません。したがって，ケアプランに位置づける場合もありますが，必ずしもそれが必要ということではありません。この判断については，ケアマネジャーに委ねられることとなります。

次に，第二の領域として，利用者の負担能力に応じた自由な選択が可能な介護保険外サービスがあります。この領域は介護保険制度の縛りやケアプランの位置づけの必要はなく，個別のニーズに応じた自由なサービス提供が可能です。

3）負担能力に応じた個別の高付加価値，高価格化（図5）

前述したように，介護保険外サービスの利用は，利用者の収入や負担能力に左右されます。そして，一言で高齢者といっても，その所得階層は多岐にわたります。現状では，所得の最も低い階層の利用者のニーズは，正価の1割の自己負担で利用できる公的な介護保険サービスの範囲内に限られているため，そこに10割負担が必要な介護保険外サービスのニーズはほとんどないと考えてよいでしょう。

逆に所得の最も高い階層は，2割の自己負担での利用に縛られることはなく，個

図5 ● 高齢期の生活課題とサービス，供給主体の概念

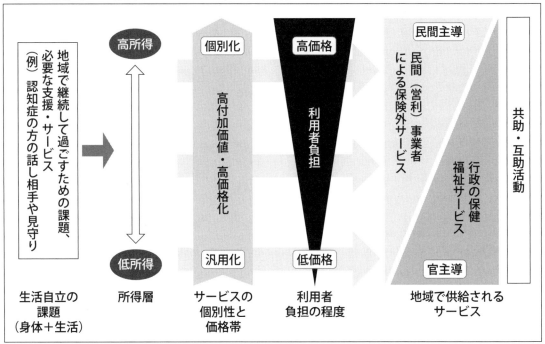

シルバーサービス振興会，訪問介護サービスにおける「混合介護」の促進に向けた調査研究事業報告書.を基に筆者作成

別のニーズを満たすことを条件に，10割負担が必要な介護保険外サービスを躊躇なく利用する傾向が見られます。そのため，高付加価値を提供する高所得層向けの高額サービス商品というカテゴリーへのニーズも十分に考えられるでしょう。

したがって，介護保険外サービスを導入する際には，この両極の市場を位置づけた上で，所得階層ごとの市場に投入するサービスを検討する必要があります。

繰り返しお伝えしますが，介護保険外サービスの対象は，介護保険サービスを提供しているすべての利用者ではありません。その負担能力に応じて，提供するサービスも価格も異なる位置づけが必要です。また，介護保険サービスのようにすべての事業者が一律のサービスを提供する必要はありません。この市場で勝ち残るためには，事業者ごとに工夫を凝らして，他の事業者では提供できない，差別化されたオンリーワンのサービスの開発が必要です。

4）介護保険外サービス開発への投資

オンリーワンのサービスを開発するためには投資も必要です。そこには職員の上質なホスピタリティも求められます。ホスピタリティは高所得層向けの高額サービスでは特に必要不可欠なスキルです。また，高価なサービス提供する施設や設備においても，高級な雰囲気や上質な備品が重要となるでしょう。

しかし，そこまでの投資が必要なサービスの提供は難しいと感じる経営者も多い

でしょう。その場合は，どこまでの位置づけならサービス提供が可能かを検討し，できる範囲でのサービスを開発していけばよいのです。いずれにしても，対象とする所得階層の位置づけと提供サービスや価格設定のバランスを誤ると大変です。せっかく新規のサービスを開発し，介護保険外サービスとして導入しても，誰も利用してくれないということもあり得るのです。そして，介護保険外サービスは提供サービスの中身で勝負することは当然ですが，雰囲気やホスピタリティへの投資も重要であることを認識してください。

5）サービスを提供する人材の確保

　介護保険外サービスを提供しない理由としてよく挙がるのが，「本業の介護保険サービスでも職員が不足しているのに，介護保険外サービスになどは人手を回せない」という人材不足に関する問題です。確かに，介護保険サービスは慢性的な人材不足が長年にわたって叫ばれています。高齢化率が先行して上昇している過疎地域においては，高齢者しかいない地域もあるため，職員の確保は無理という声も聞こえてきます。

　しかし，考えてください。要介護状態の高齢者もいますが，それ以上に元気な高齢者もより多く住まわれているはずです。介護保険外サービスの担い手として，元気な高齢者の力を借りるという発想は思い浮かばないでしょうか。

　介護保険外サービスの提供については，今のところ資格不要なものがほとんどです。その雇用対象は介護保険サービスとは比較にならないほど多く，広範囲に求人が可能なのです。介護保険の狭い枠の中で介護保険外サービスを見てはいけません。介護保険の枠にとらわれない，自由な発想が必要です。

6）今後の有望市場の検討
●介護保険サービスとの差別化

　介護保険外サービスを検討する場合，第一に「介護保険の対象サービスもしくは類似サービスではないこと」が重要です。その理由は，介護保険外サービスとしていながらも，その内容が介護保険サービスと同じと思われた場合には，利用者に10割負担を納得させることが難しく，広範囲に普及させることが困難になるからです。可能な限り，介護保険サービスから離れることが基本であるということは，当然と思われる人も多いのではないでしょうか。

　この考え方に沿うサービスとしては先行事例があり，「要介護状態のために一人

では活動が難しい層」に向けた旅行や観劇，スポーツ観戦などの外出サポートサービスが注目されています。

●実質的要介護者へのサービス

次に重要なのが，あえて「要介護認定は受けていないが実質的に要介護状態である層」を対象とすることです。これと同等に，介護保険外サービスだけを利用する層向けのサービスや，富裕層に特化して絞りこんだ差別化されたサービスの開発も検討する価値があります。例えば，墓参りの代行，葬祭関連，遺言，家庭での看取りなどに特化したサービスはニーズが高いと感じています。

●要介護者以外へのサービス

さらに，要介護者本人以外へのサービスの開発にも力を入れるべきでしょう。先にも述べましたが，介護保険サービスの利用者である要介護者の子ども世代が遠方で暮らしている場合，退院後などの食事提供，認知症の見守り，家族代わりの話し相手，エージドシッターなど子ども世代のニーズを満たすサービスも考えられます。この場合は，介護保険サービス＋介護保険外サービスのパッケージプランとして割安感を前面に出した告知方法も併せて検討するとよいでしょう。

●今ある「財」を活用して提供するサービス

また，今事業所が持っている財，すなわち「ひと，もの，かね」を使ってできる介護保険外サービスの開発も検討してください。例えば，リハビリ特化型の通所介護やデイケアであれば，サービス提供時間の終了後に常備されているトレーニングマシンなどを地域住民に有料で開放する「ミニフィットネスセンター」も各地で見かける機会が増えています。この時，開放する対象を利用者の家族に限定し，利用者の家族にメンバー特典としてサービスを提供すると，新規利用者の獲得につなげる方法として有効です。

介護保険外サービスの対象は，現在契約している利用者や要介護認定者だけに限定されるものではありません。その家族や地域の元気な高齢者，さらには健康志向の地域住民もサービス対象とすることで，より多くの相乗効果が期待できるのです。

4. 介護保険外サービス導入での問題点

1）人材の問題

●人材確保

　前述したように，まずは人材の確保が大きな問題となります。確かに，介護保険サービスの提供だけでも人手不足なのに介護保険外サービスに人材など割けないという理由も理解できます。しかし，なぜ介護保険サービスの職員を使おうと考えるのか不思議です。介護保険外サービスには，必要な資格も人員基準も設備基準も運営基準もないのです。今の職員を使わなくても，外部から募集することを考えてはどうでしょうか。その地域には高齢者しかいないので，働き手がいないという意見も同様です。高齢者の中にも元気な高齢者はたくさんいます。元気な高齢者を優秀な人材として見る目も必要です。

●職員教育

　職員を確保できたら，次は職員教育を実施します。業務マニュアルを作成して，可能な限り業務を標準化するとよいでしょう。業務を標準化することで，チェックポイントが明確となり，管理が容易になります。また，給与や職責などを決める時の人事評価の基準にもなります。

2）料金設定の問題

　介護保険外サービスの提供に当たっては，料金設定が最も難しく，適切な判断が必要です。そして，介護保険と介護保険外サービスの線引きや，利用者に対して1割負担と10割負担の違いを説明し理解を得ることが難しいとよく聞きます。

　利用者は介護保険での利用者負担額と比較して介護保険外サービスの費用負担感を判断する傾向にあります。また，利用者の費用負担能力も勘案しなければなりません。「特定の所得層に絞って少人数に対して高額負担のサービスを提供する」「できるだけ広範囲に低所得層も取り込んで低価格でより多くの利用を考える」などの判断が必要です。

　そして最も大事なことは，「利益確保できる介護保険外サービスのプラン」を設計することです。事業経営の視点で考えると，赤字になるなら，やらない方がよいのです。ただし，若干の赤字であっても，そのサービスを提供することで介護保険サービスの新規利用に結びつけることができるのであれば，相乗効果を期待して導入を検討する価値はあります。

3）誰もが納得するサービスを心がける

　ケアプランに介護保険外サービスを位置づけることを想定した場合，現状ではケアマネジャーに信頼性のある情報源がないため，事業者やサービスを比較することができません。これが，ケアマネジャーが介護保険外サービスの活用に消極的な要因の一つです。また，悪質な事業者が増加すると事業者に対する規制強化が実施され，介護保険および高齢者保健福祉施策が抑制的になっていきます。これは一時期の通所介護におけるお泊まりサービスを見ると明らかです。ごく一部の劣悪事業者の存在が良質な事業者をも汚してしまうことを心得ましょう。それを避けるためには，サービス提供における積極的な情報の開示が必要です。

　そして，今後は居宅での医療ケアニーズの高い高齢者の増加が見込まれるため，民間保険の充実や介護保険外サービスの費用発生リスクを軽減するための工夫についても検討が必要です。「所轄の役所が設けている制度や補助金・助成金の活用ができないか」「今加入している民間保険で補填できないか」といった視点に基づいて利用者やケアマネジャーにアドバイスをするなど，事業者が相談窓口の役割を果たすべきです。そのためには，常日頃から関連知識を高めておくとともに，情報の収拾と分析，関連業者や専門家とのアライアンスを結ぶなど積極的に動くことが求められます。

　これらのシステムの構築は，最初は大変かもしれません。しかし，軌道に乗せてシステム化することで，業務上の負担は結果的に軽減できるでしょう。

5. お泊まりデイサービスの運用とメリット・デメリット

株式会社ユナイテッド 代表取締役　駒居義基

　平成27年度の介護保険制度改正において活発な議論がなされた「お泊まりデイサービス」。賛否両論ありますが，他と比べて比較的ポピュラーなサービスとして定着した面もあります。一方でお泊まりデイサービスの是非については，まだまだ検討の余地があるところです。そこで，ここでは通所介護，特に小規模通所介護を例にお泊まりサービスを導入するメリット・デメリットやニーズ，そして実際の運用についてコンパクトに整理してお伝えしたいと思います。

●そもそも，お泊まりデイサービスとは？

　お泊まりデイサービスとは，一般の通所介護事業所において，利用者を通常のサービス終了後に当該事業所に宿泊させ，翌日もデイサービスを利用してもらう，というものです。このサービスのメリットを整理すると，**表1**のようになります。

　各当事者にメリットの多いお泊まりデイサービスですが，お泊まりデイサービスには根強い批判論もあります。批判の代表的なものは，介護保険外サービスであるがゆえに劣悪なサービスが提供されている，というものです。高齢者がすし詰めで雑魚寝になっている，衛生的でない環境，死亡事故の多発，そして1カ月以上の連続した宿泊などが，その典型例でしょう。

　一方，通所介護事業所がお泊まりデイサービスを提供することによって，家族の介護負担を軽減し，認知症の人に環境的に安定した介護を提供できる，というメリットも存在します。前述したような劣悪なサービスを提供している事業所は言うまでもなく例外的です。しかし，従前までは介護保険制度外のサービスだったため，特段報告義務がないなどの制度上の不備がありました。そうした問題を受けて，平成27年の介護保険法改正により，通所介護においてお泊まりデイサービスを提供する際，ガイドラインの遵守とその届け出が義務づけられました。

　ガイドラインの内容は後述するとして，なぜお泊まりデイサービスはこれほどに

表1 ●お泊まりデイサービスのメリット

事業者・家族・本人	メリット
通所介護事業所	翌日の稼働が見込める（稼働率UP）
居宅支援事業所	ショートステイを利用するよりも手軽に利用でき，かつ給付限度額に影響しにくい
家族	日中から夜間の介護負担から開放される（レスパイト）
本人	24時間切れ目のないサービスで快適に過ごすことができる

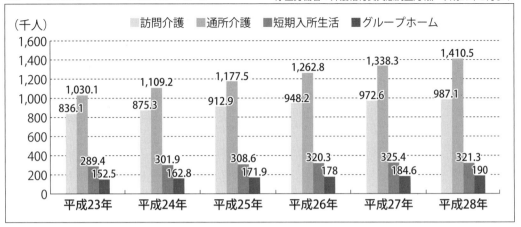

図1 ●介護サービス受給者の推移　　厚生労働省：介護給付費実態調査月報，平成26年2月より

注目を集めているのか，その理由を考えてみたいと思います。

●レスパイトのニーズ

平成27年度の介護保険制度改正で盛り上がったお泊まりデイサービスの是非ですが，その背景にはレスパイト（介護者の一時休養）に対するニーズの高まりがあります。**図1**は，レスパイトに対するニーズの受け皿となる，通所介護，短期入所介護，グループホームの伸び率を訪問介護と比較したものです[1]。

これを見ると，通所介護の利用者数が突出して高いことがわかります。これは，通所介護事業所数の伸びをそのまま反映したものでもありますが，一方で「気軽に預けられる」という面から通所介護にレスパイトのニーズが集中した結果ということもできるでしょう。

では，なぜ通所介護に集中するかと言えば，①利用者，家族としては，普段使っている通所介護なので，そのままシームレスにお泊まりに移行できる，②ケアマネジャーとしては，ショートステイやグループホームなどを手配する手間が短縮できる，③通所介護事業者としては，翌日の利用も見込めるため，稼働率アップが期待できる，という三者三様の思いが見てとれます。

また，レスパイトのニーズが高まる最大の要因は，介護者の負担増加にあります。高齢者が要介護になる段階で，ある程度介護者の負担は増加しますが，当該高齢者の疾患が脳血管疾患や認知症などの場合，介護負担は飛躍的に高くなります。内閣府のデータでは，高齢者が要介護になった主な原因のうち，脳血管疾患が21.5%，認知症が15.3%となっており，合わせて約36.8%の人がそうした疾患を抱えているということがわかります（内閣府『高齢社会白書』より）[2]。

また，認知症高齢者は年々増加しており，厚生労働省推計では日常生活自立度（認知症高齢者がどの程度自立して生活を維持できるかを示した指標。ステージが上がる

ほど，自立した生活が困難となる）がⅡ以上の方は，平成27年で345万人，65歳以上の人に占める割合は10％を超えている状態です。そして，そうした要介護者を誰が介護しているのか，ということになると，まず配偶者（26.2％），次いで要介護者の子ども（21.8％）と続きます（厚生労働省『平成25年国民生活基礎調査の概況』より）[3]。

つまり，介護者というのは，「老老介護」または「就業者で介護負担がある」ということになるため，要介護者に適切な介護を提供することが困難な状況に置かれています。さらに，いわゆる「2025年問題」と呼ばれる後期高齢者の大幅な増加を勘案すると，レスパイトのニーズはますます増え続けることが予想されます。

● お泊まりデイサービスの導入を考える

こうしたニーズの高まりを考えると，お泊まりデイサービスの導入は通所介護事業者にとってはビジネスチャンスと言えるでしょう。では，実際にお泊まりデイサービスを事業所側に導入する場合，どういった準備が必要になるかを考えてみましょう。

まず，数字とサービス運用について考えてみましょう。通所介護の提供との関連ですが，基本的な考え方は「9時間の通所介護終了後，そのままお泊まりデイサービスを提供」ということなります。この場合注意するべきは次の2点です。

①お泊まりデイサービスを利用する場合，延長加算は算定不可となる。
②お泊まりデイサービスの間，送迎未実施減算（片道▲47単位）の適用となる。

上記2点は平成27年度の介護保険制度改正での変更点で，以前は，①延長加算の算定可，②送迎がない場合は同一建物減算の適用（1日▲95単位），というものでした。同一建物減算から送迎未実施減算への移行は，減算の計算がより細かくなったという点では事業所にとってプラスですが，延長加算がとれなくなった，ということは大きく影響するものです。というのは，延長加算算定の可否は「お泊まりデイサービスの『宿泊費』をどうするか？」というところに影響を与えるからです。

● 価格設定

お泊まりデイサービスを提供する際，当然宿泊費を利用者からいただく，ということになります。問題はその価格設定で，いくらに設定するのが妥当か，ということになります。ここで考えるべきは，ショートステイの利用者負担です。

あまり詳細は触れませんが，ショートステイを利用した場合，1日当たりの利用料は2,500円～3,500円前後が一応の目安になります。となると，この金額を大幅に超える価格設定にしてしまうと，そもそもお泊まりデイサービスが利用されない，ということになります。

一方，利用者が宿泊する場合，夜勤者を配置する必要がありますので，その夜勤者

表3 ● お泊まりデイサービス収支一例

【条件】
定員10人，稼働率70%，利用延人数210回（月），平均介護2.5，泊まり回数42回，算定加算：入浴のみ
自費：お泊まり代1,000円，昼食代500円，夕食代600円，朝食代300円
人員：管理者兼相談員，非常勤相談員1人，介護職員常勤者3人，非常勤者2人，看護職員なし，非常勤機能訓練指導員1人　地代家賃12万円

項目	金額	項目	金額
介護保険報酬合計	¥2,012,004	販管費	¥806,100
自費合計	¥184,800	軽費合計	¥1,977,260
報酬合計	¥2,196,804	経常利益	¥219,554
人件費	¥1,171,160		

の人件費をどこで回収し，かつ収益を上げるか，ということも考える必要があります。ここで1つの方向性として，「お泊まりデイサービスの費用そのものは抑えめにして，その分通所介護の稼働で収益を上げる」と

表2 ● お泊まりデイサービス料金体系一例

お泊まり代	1,500円
夕食代	600円
朝食代	300円
合計	2,400円

いうものがあります。通所介護のお泊まり提供の場合，「通所介護を使ったその日に泊まり，翌日も通所介護をそのまま利用する」というのが典型的なルーティンです。となると，お泊まりデイサービスの利用によって通所介護の稼働率が上がるわけですから，その稼働の分で収益を上げ，一方宿泊費などは安く抑える，という戦略になります。

　表2はその料金体系の一例ですが，この料金体系では言うまでもなく夜勤者の人件費はペイできません。しかし，それでも翌日の通所介護稼働率がアップするのであれば，十分に収益は上がることになります。

　次に収支を検討していきましょう。**表3**は収支計算の一例です。条件は**表2**の料金体系と異なりますが，大よそのイメージはつかんでもらえるのではないかと思われます。

　表3のシミュレーションは，実はお泊まりデイサービスのパフォーマンスとしては弱い部類に入ります。というのは，ここではページ数の関係で掲載できませんが，元々のデータを見ると，お泊まりがなされた日の利用者数に大きなばらつきがあり，宿泊者が3人よりも1人となる方が多い，ということも考えられるのです。

　夜勤者の人件費を可能な限り回収することを考えるのであれば，お泊まりデイサービス提供日に利用者がある程度集中する方が効率はよくなります。よって，生活相談員などと利用者または家族との連絡調整が非常に大きな意味を持ちます。

また，お泊まりデイサービスを提供するのであれば，お泊まりによる通所介護への稼働率寄与度を向上させる必要があります。お泊まりも含めた形で通所介護を利用してもらう，ということができれば，通所介護の稼働率はさらに高くなるでしょう。

　整理すると，お泊まりデイサービスの主な戦略は，①宿泊費を抑えて通所介護利用者を増やす，②宿泊できるという付加価値で稼働率アップを目指す，③そのために，可能な限りお泊まりデイサービス利用者が分散しないようにし，人件費負担を抑える，という3つになります。

● お泊まりデイサービスのガイドライン

　平成27年度の介護保険制度改正の議論の際，お泊まりデイサービスの劣悪なサービスが問題視されたことは前述した通りです。その結果を踏まえて，お泊まりデイサービスをする際は届け出が必要になったのと同時に，厚生労働省は「介護保険最新情報vol.470」にてお泊まりデイサービスのガイドラインを発表しました。

　当該ガイドラインにおいては，お泊まりデイサービス提供に係るルールが策定されていますが，このルールの内容そのものはさほど難しいものではありません。ただし，実地指導の際に指摘されやすいのは「宿泊サービス計画書」の作成がなされているかどうか，という点です。

　また厚生労働省のガイドラインとは別に，各市町村がローカルルールを定めているケースもあります。よって，お泊まりデイサービスを提供する届け出の際には，ローカルルールの確認も必要です。

　最後に，私自身，通所介護を運営する立場としてお泊まりデイサービスはかなり早い段階で導入をいたしました。導入の前と後とを比べると，稼働率は比較的安定しやすくなったのと同時に，また利用者の在宅生活継続に貢献しているという大きな意義を実感しています。住み慣れた自宅で長く生活するのと同時に，事業所の収益性向上という観点でも，お泊まりデイサービスの導入を検討していただけると幸いです。

引用・参考文献
1）厚生労働省：介護給付費実態調査月報，平成26年2月．
2）内閣府：高齢社会白書，平成27年度版．
3）厚生労働省：平成25年国民生活基礎調査概況，平成26年．

1971年8月生まれ。建築不動産関連業界でキャリアを積み，30歳の時に心理カウンセラーに転身。37歳の時，兵庫県高砂市にて小規模通所介護「デイサービスえんがわ」設立。介護業界未経験の状態から，わずか半年で採算ベースに乗せる。現在は介護事業の運営だけでなく，コンサルタントとしての活動も行っている。また心理カウンセラーとして，介護・看護業界の方々に対する支援事業も行っている。

6. 実地指導における介護保険外サービスの指導事例と対策

小濱道博

1）同一の担当が一体的に提供する場合

　訪問介護事業者が介護保険サービスと介護保険外サービスを一体的に提供する際に，身体介護を提供した後に引き続いて，同じヘルパーが介護保険外サービスを提供することを禁じている場合があります。この場合は，身体介護が終了した段階でいったん事業所に戻って出直すか，別のヘルパーが担当するように指導されます。

2）常勤専従配置の職員は介護保険外サービスを担当できません

　常勤専従配置が求められる訪問介護のサービス提供責任者が，介護保険外サービスである通院の付き添いを行ったり，併設の高齢者住宅の夜勤業務や厨房を担当するなどを行った場合については，専従ではなく兼務であるという判断に基づいた指導が多発しています。平成22年に熊本では，長期間継続して日常的にサービス提供責任者が高齢者住宅の夜勤業務などを行っていたとして指定の取消処分となった事例もあります。同様に，常勤専従でなくても，常勤配置の時間帯に併設の業務を担当することは認められません。

3）介護保険サービスの提供時間内に事業所の設備は使用できません

　介護保険サービス提供時間には，介護保険サービスに使用する建物のスペースや備品類を他の目的で使用することは認められていません。したがって，介護保険外サービスを事業所内で提供する場合には，介護保険サービスの提供時間外で通常のサービス提供に支障がない場合のみで設備が使用できるということになります。例えば，通所介護の提供時間に一般の人にもトレーニングマシンを開放したり，物品を販売するなどは認められません。また，サービス提供を行うスペースに，介護サービスに関係のない備品を置いたりすることも不可です。それらの設置スペースは，介護保険の設備基準の対象とは認められないとする指導が行われます。

4）個人情報の二次利用はできません

　介護保険サービス利用者の個人データを利用して介護保険外サービスなどの営業用のDMを郵送したり，電話で勧誘したり，物販の案内を行うなど，利用者の個人データの二次利用はできません。利用者の個人データを外部に提供することも違法です。また，介護サービスの提供時間にサービスに関係のない物品を販売したり，半強制的に購入させたりすることはできません。

5）他の許認可事業との関連に注意する

　過去の実地指導の事例において，宿泊者の衣類の洗濯を1回当たり数百円徴収して行っていた事業者が，クリーニング業の許認可がないとの理由で全額の返金が指示された例があります。また，お泊まりサービスは旅館業法の許認可が必要と指導された事例や，訪問介護事業所が同居者の部屋の掃除や食事の準備を請け負った場合に，家政婦業の許可が求められた事例など，他の許認可事業との関連で違法と判断され，指導が行われる場合があります。

6）家政婦業の法律に抵触するケース

　家政婦業は有料職業紹介所の許認可が必要です。この家政婦業と非常に似た介護保険外サービスが，同居者の部屋を掃除したり食事を作ったりする生活援助サービスです。一般的にはハウスキーパーという言い方もあります。

　ハウスキーパーは，家政婦業に抵触しないためにグレーゾーンでの運営となります。では，家政婦業とハウスキーパーは何が違うのかを説明します。

　例えば，依頼者―担当者―事業所という3者の関係があったとします。この関係において，家政婦業の雇用関係は依頼者―担当者の間で取り交わされます。依頼者に対して事業所が担当者の紹介を行ったという関係です。そのため，担当者の給与は依頼者から担当者に直接支払われ，事業所は依頼者から毎月紹介料をもらうという関係になります。

　一方で，ハウスキーパーの雇用関係は担当者―事業所の間で取り交わされます。依頼者との契約は事業所が取り交わし，報酬の請求も事業者が依頼者に行い，担当者の給与は事業所が支払います。

　では，どこが違うのでしょうか。それは，指示命令系統です。家政婦業の雇用関係は依頼者―担当者ですので，担当者は依頼者からの指示命令で業務を行います。事業者は担当者に指示命令を行うことはできません。

また，ハウスキーパーの雇用関係は事業所―担当者ですので，指示命令は事業所が行います。すなわち，ハウスキーパーの場合は，依頼者からの指示を担当者は依頼者から聞いてはいけないということです。もしも，依頼者からの指示を担当者が聞いた場合は，それは家政婦業に該当するため，有料職業紹介所の許認可がない場合は法令違反となります。

7）介護保険外サービスで送迎費用の徴収はできません

利用者の送迎は，厚生労働省と国土交通省との折衝の結果，介護保険法上の通所サービスを提供する場合で，利用者の自宅と通所事業所間のみで認められています。自宅と通所サービス事業所間の送迎以外は白タク行為に該当するために，タクシー業の許認可が必要です。同様に，介護保険外サービスは特例が認められる通所サービスではないために，送迎費用を徴収しての送迎は白タク行為と見なされて違法となります。

8）会計の区分と整備書類の分離

厚生省令37号の規定で，介護サービスと介護保険外サービスの会計は，別々に分ける必要があります。そのため，重要事項説明書，契約書，請求書，領収書などは，介護保険サービスとは別に作成することが必要です。また，勤務シフトや勤務実績表なども介護保険サービスと介護保険外サービスを明確に分けて作成しなければなりません。職員の常勤換算での計算においても，介護保険外サービスの勤務時間を含めることはできません。

第3章

介護保険外サービス導入・実践事例

介護保険外サービス導入の事例の紹介に当たり

小濱Eyes

　介護保険外サービスは，すでにいろいろな形態での提供がスタートしています。ここでは，平成28年３月に公表された厚生労働省，経済産業省，農林水産省による『地域包括ケアシステム構築に向けた公的介護保険外サービスの参考事例集』（以下，「保険外サービス活用ガイドブック」）で紹介された事例についても，それとは別の視点から再び検証し，その意義と独自性について解説しています。

　また，実践編では，実際に介護保険外サービスの新しい取り組みをスタートした経営者に，その思いを語っていただきました。これらの事例が，さらに新しい取り組みを生むきっかけになれば幸いです。

　各事例の冒頭には，【小濱Eyes】として，簡単にそのポイントを解説していきます。気になったパートからご一読ください。

介護事業における「介護保険外サービス」導入編

株式会社ヘルプズ・アンド・カンパニー　代表取締役　西村栄一

1. 介護保険外サービス待ったなし

　介護保険と医療保険の連携の必要性により平成26年に施行されたのが「医療介護総合確保推進法」です。平成30年には共に第７次計画となり，診療報酬と介護報酬についても同時改定が予定されています。そして，この時には，平成12年にスタートした介護保険も18年目を迎えます。平成27年に公職選挙法が改正されて選挙権が18歳に引き下げられたことはご存じかと思います。まだ「大人として」の議論は尽くされてはいませんが，「18年」を「大人」と見るならば，介護保険も「自立」しなければならないということでしょうか。

　介護保険法第一章総則第一条（目的）に記されている，「尊厳を保持し，その有する能力に応じ自立した日常生活……」を実地指導監査の側面から解釈すると，「過剰サービスの禁止」を意図していることがわかります。一般的には弱った人を助けるためにあるはずの「保険」ですが，介護保険の場合，そう解釈する向きもあります。

しかし，そうはいっても，私たち介護事業経営者は，これまで任意で行っていた「介護保険外サービス」が，経営施策の一つとして検討すべき大きな事業になりつつことをしっかりと認識しなければなりません。今までの「共助・公助」で9割がまかなわれていた売り上げから，「自助」の割合を1割から5割以上にすることを目指して介護事業経営の舵は切られたのです。

　例えば，介護保険外サービスとして10年以上先行している「お泊まりデイサービス」は，地域包括ケアシステムの方針でもある「利用者のいつまでも住み慣れた地域で自分らしく暮らしていくための仕組み」に，より近い形とするために始まりました。まさに需要の多かったショートステイの供給として，通所介護でのお泊まりを可能とし，利用の幅を広げたという点で，介護保険外サービスの「成功例」のさきがけといってもいいでしょう。ただし，お泊まりデイサービスは先駆者の思いが先行しすぎたため，「最前線のサービス提供者までその思いが行き届いているかどうか」を問う意味で，これからさらに多くの介護保険外サービスを創出するに当たっての像として参考となるかもしれません。

2．介護保険外サービス創出のポイント

　ここで，介護保険外サービスを創出する上で大切なポイントをまとめてみます。
①何のためにその事業に取り組むのか。
②その事業を通じて行う介護保険外サービスは誰を幸せにするのか。
③理念と思いは明確か。
④遵守すべき法との均衡性はあるのか。

　それらすべてを満たしてこそ，介護保険外サービスが成り立つということを心に留めておいてください。

　ここで紹介する事例は，現在取り組まれている介護保険外サービスのほんの一部です。しかし，たまたまそれらが，「保険外サービス活用ガイドブック」のマトリックスのバランスに合っていたのは幸いです（**図1**）。

　参考までに，このマトリックスのバランスについて，その読み方を解説しておきます。

〈マトリックス下部に位置づけられている取り組み〉

　できなくなったことをカバーする。すなわち，マイナス状態をゼロに戻す介護予防や，介護状態の改善につながるもの。

図1 ●介護保険外サービスのマトリックスとに照らし合わせた紹介事例の位置づけ

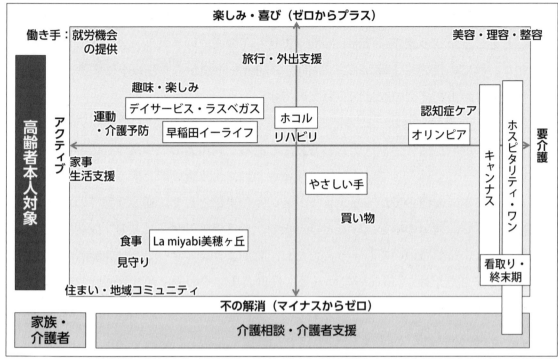

厚生労働省，農林水産省，経済産業省：地域包括ケアシステム構築に向けた公的介護保険外サービスの参考事例集〜保険外サービス活用ガイドブック平成28年3月．を基に筆者作成

〈マトリックス上部に位置づけられている取り組み〉

　ゼロからプラスになる喜びや楽しみにつながる。つまり，QOLの向上に寄与するサービスを積極的に取り上げているもの。

〈マトリックス左部に位置づけられている取り組み〉

　元気高齢者を対象としたもの。

〈マトリックス右部に位置づけれらている取り組み〉

　介護が必要な高齢者を対象とするもの。

　そして，上下左右のバランスは，欄外にある「介護者や高齢者の子どもなど家族を支えるもの」までおよび，幅広く需要があることを喚起しています。

| 導入編 | 事例1 | 株式会社「ホスピタリティ・ワン」，一般社団法人訪問看護支援協会 |

人生の終末期に寄り添う介護医療サービスの尽きない理想の追求

小濱Eyes

医療・介護保険外でも利用できる訪問看護サービスを提供しています。主に看取りを中心とした短期間の支援となりますので，全額自己負担であっても費用の負担は想像するより少ないようです。「人生の終焉を自宅で家族と迎えたい」「一度自宅に帰りたい」という希望を実現する取り組みとして，「家族とは何か」といった看取り介護の一つの在り方として考えさせられます。また，「エンディングコーチ」という民間資格の認定を通じて，看取りに関する人材育成にも取り組んでいます。

施設概要

住所	〒105-0022　東京都港区海岸2－1－18　高丸ビル6階
電話番号	03－5765－2204
ホームページ	https://hospitality-one.co.jp
サービスの種類	介護保険法第71条に規定するみなし指定　訪問看護
営業時間	平日9：00～18：00
営業日	平日，定休日（土日祝，年末年始）
配置職員数	保健師・看護師（常勤：4人，非常勤：11人）
利用料金	1時間：9,800円　2～3時間：7,500円　4時間以上：6,000円
開設日	平成24年12月1日
主な利用者の構成	富裕層に限らず一般家庭

西村Report

●人生の最期をどう迎えるか

「ホスピタリティ・ワン」は，介護保険外サービスとして「自分の人生の最期をどう迎えるか」について，次のような支援を提供しています。

・訪問看護60事業所と連携し，年間約800件の公的保険外サービスを実施
・サービス提供に当たる看護師は30～40人（平成28年4月現在）
・サービス料金の設定は，1時間当たり9,800円。4時間以上利用の場合は1時間当たり6,000円

- 2～3時間利用や，日帰り・1泊などの一時外出，転院支援の短時間・短期間利用が全体の8割で，富裕層に限らず一般家庭の利用も多い
- 24時間などの長時間や3カ月以上の看取りなど，長期間の利用を求めるのは富裕層であり，全体の2割を占める

　この取り組みを取材するに当たり，まず，高丸慶代表に「なぜこのようなテンションの下がる，多くの人が避けたいと考える『死』をテーマに仕事をしているのですか」と伺ってみました。
　「これから10年の間に，〈尊厳死〉が〈認知症〉と並んで日本人が知っておくべき当たり前の問題になります。人の最期に寄り添うということは，その人の人生の最も大切な言葉や表情，態度に触れることができ，本や人伝いではない，自分しか知ることができなかったような人の本質を，臨終の場でご家族と共有できる掛け替えのない仕事です。臨終に際し，お金や人間関係に悩みがあれば，理想通りの〈死〉を迎えられるでしょうか。ストンと真下に落ちるのか，ちょっと左ずれ？　右ずれ？　に落ちていくのか。その場に居合わせると，自分が人生を全うする時は，真下に落ちていきたいなって思うんです」

　終末期の過ごし方については，人それぞれに思いがあります。「そして，一時的な帰宅をさせたい」という家族の希望や，「生まれ育った場所への転院の付き添ってほしい」という本人の希望は，特定の富裕層だけでなく，平均的な一般家庭でも同じようにあります。高丸慶代表の話を伺い，そのような思いを持つ人たちが，「こんなサービスがあると知っていたら使っていたのに」と後悔することのないように，ホスピタリティ・ワンの事業をより多くの人に知ってほしいと感じました。
　現在ホスピタリティ・ワンは東京都港区を中心に事業を展開していますが，日本中の各地域に密着した，規模の小さい事業者間との連携を深め，自治体とも連携し，看護としての手先の技術以外の「心のケア」の質も高め，社会的周知度も拡大していくことが重要ではないでしょうか。
　また，診療報酬改定に伴い，退院に関する医療機関からの相談のタイミングが早くなってきています。状態によっては，入院時点から退院時期を検討することもありますが，ホスピタリティ・ワンのサービスは円滑な退院支援につながる「しくみ」としても認知されているということでした。実際に，医療機関は患者や家族に対して，終末期における在宅看護の選択肢としてホスピタリティ・ワンを紹介し，医療・介

護保険外サービスの利用につながることも増えているそうです。

そして，行政も在宅看護，しかも医療・介護保険外まで補完し，オーダーメイドでの支援が可能となるホスピタリティ・ワンのサービスは使い勝手が良いようです。「孤立死」を増やさないための資源としても，一翼を担っているとのことでした。

（ホスピタリティ・ワンホームページ「オーダーメイド看護を利用してみた」より）

慣れ親しんだ自宅で最後の親孝行

● エンディングコーチの育成

高丸慶代表は平成26年4月に一般社団法人訪問看護支援協会を設立し，「エンディングコーチ」という民間資格の認定を通じて，看取りの人材育成にも取り組んできました。目指すのは，介護・看護を超えたさまざまな業界（保険・メーカーなど）が「人の終末」というキーワードでつながり合い，痛みがわかるスペシャリストを養成することです。

エンディングコーチは，①身体的痛み，②心理的痛み，③社会的痛み，④スピリチュアルな痛みという4つの痛みについて，臨床心理学の考え方で横断的にアセスメントできる人材であり，これまでに全国で250人が認定を受けているそうです。

さらには，痛みは本人だけでなく，看取り後の遺族にもあります。ホスピタリティ・ワンでは，家族のレスパイトケアから看取り後のデスカンファレンスも含め，「本人の看護」「葬儀」「家族間の相続」「残された遺族のケア」までをサービスとして提供しています（**図2**）。

最後に，高丸慶代表に「終末期の大事さがよくわかりました。これからは介護サービスとしても積極的に関わることも大事なんですね。ではどう関わったらいいでしょうか？」と伺ってみました。

「終末期の支援は，看護とエンディングコーチだけにとどまりません。納棺士であれば，感染予防，縫合，エンバーミング，グリーフケアなど多岐な知識が必要となります。そして，テンションの下がる話，多くの人が避けたいと思う死への関わりではありますが，その深みを知りたいという希望は日本に限ったものではありません。海外からも講演依頼が来ているくらいです。また，在宅でマザーテレサに看護してもらいたいという社会的ニーズがあるようであれば，エンディングコーチも，それら資格

図2 ●会社経営理念

ホスピタリティ・ワンの理念を実現するアプローチが他事業社とは大きく異なります。我々は，終末期を迎えられるご本人が，不安を解消し，安心して「豊かな最期」を送れるよう逆算したサービス設計を行い，サポートプランを立て実行してきます。

従来
カウンセリング → 自費保険 → 納棺 → 葬儀 → ご遺族の心のケア

×ときのゆくままに流れ作業

ホスピタリティ・ワン
カウンセリング ← 自費保険 ← 葬儀 ← 納棺 ← ご遺族の心のケア

○逆算したサービス設計

エンゼルメイク社内研修

を持ったヘルパーが『日本のマザーテレサ』になってもおかしくないと思うのです。ましてや，介護福祉士やケアマネジャーにはもっと可能性があるとさえ思います。この事業には，これからの日本人の人生観や意識を変えていく使命がありますので，いろいろな方々からのご意見を真摯に賜って，謙虚に取り組んでいきたいと思います」

　ホスピタリティ・ワンの取り組みに触れ，「死」は「暗いことではない」「空気を読まなければいけない話題でもない」ということがよくわかりました。そして，生まれたことと同じように必ず訪れるこの出来事を，子どもでも大人でも，聖域とせずに当たり前に受け止められる「教育」と「社会づくり」が必要だと自然に感じました。

左：高丸慶代表，右：西村栄一

取材にご協力いただいた高丸慶さんのプロフィール

来たるべき看取り難民問題を解決するために活動している起業家看護師。慶應義塾大学看護医療学部卒業。同大学院健康マネジメント研究科博士課程単位取得退学。看護師，保健師，居宅介護支援専門員。余命3カ月の末期がん患者の看取りに特化した訪問看護サービスを開始。ホスピタリティ・ワン代表取締役，訪問看護支援協会代表，おくりびとアカデミー校長兼任。

導入編　事例2　全国訪問ボランティアナースの会「キャンナス」

全国に広がる介護支援の輪が介護疲れの家族を救う

小濱Eyes

　登録された看護師によるチームとしての看取りや，介護保険の規制枠にとらわれないサービスを提供する有償ボランティアナースの取り組みです。ここまではホームヘルパーが，「ここは看護師が」といったテリトリーのこだわりもなく，求められたニーズに対応するという考え方に基づいたサービス理念は，介護保険制度に縛られた思考しかできない頭には新鮮です。

施設概要

住所	〒251-0025　神奈川県藤沢市鵠沼石上1－6－1
電話番号	0466－26－3980
ホームページ	http://nurse.jp
サービスの種類	訪問看護
開設日	平成8年
収益の状況	独立採算制

西村Report

●ボランティアナースの歴史とその活動

　日本におけるボランティアナースの活動は，40年前にある医療機関で始まり，昭和58年に「在宅ケア保障会」，昭和61年「在宅看護研究センター」へと引き継がれました。今回紹介する「キャンナス」は，ボランティアナースの可能性を模索する中，平成7年に起きた阪神淡路大震災での現場経験から「看護師としての経験や技術を持っていながら地域福祉のために復職できない，していない潜在看護師を自由に活動させる組織」の必要性が見いだされ，「相互扶助」の理念の下に設立されました。

　しかし，その活動は「災害時」だけにとどまりません。日々在宅で生活しながら療養する患者にとっては「毎日が災害」であり，多くの悩みや問題が生じています。そこに手を差し伸べるキャンナスは，まさにこれから日本が迎える超高齢社会のナイチンゲールの集まりといっても過言ではないでしょう。

●地域での必要性

　キャンナス堺の八尾夕起子さんは，キャンナスにおけるボランティアナースのほか，訪問看護とケアマネジャーを兼務しています。キャンナスとしての活動は自由そのもので，在宅で必要な看護業務は医者の指示書を基に責任の所在を明確にして行いますが，本部に何かと依存したり，指示を仰いだりすることはほとんどないということでした。患者からの「あれしてほしい，これしてほしい」という依頼を「それは介護ヘルパーの仕事だから」と断ることはなく，「福祉の在り方として必要だと判断できることは行うのが使命」と考え，「その人にとっては『今』が一大事」という理解に基づいて活動しているそうです。

　また，最近は病院から在宅への退院が増えた結果として，家族が医療認定特定行為業務従事ヘルパーにケアをお願いするケースも多くなったということですが，技術的に未熟な部分を見ることもあり，そういった場面での指導も含めて，有償ボランティアナースの地域での必要性を強く感じるそうです。その言葉が示しているように，介護・医療・家族・一般のボランティアが在宅支援チームをつくり，しっかりと「役割分担」をして，生活援助から医療支援までをトータル管理できるプロフェッショナルを育成する必要があり，その実現に向けては各地域におけるボランティアナースの活動が不可欠であると感じました。

●依頼の幅は多様

　キャンナス大阪の田中将さんは，自社の訪問看護事業所も経営していますが，キャンナスの仕事は通常の医療・介護保険サービスよりも，家族から直接依頼されることが多いそうです。そして，その対象は小児から障害者，高齢者まで幅広く，しかも長期間だったり，短期間だったりと，さまざまな依頼があるということでした。

キャンナス滋賀犬上の発会式にて

　また，訪問看護事業所と有償ボランティアであるキャンナスを両方運営していく上で大事な要素として「近隣のキャンナスとの連携」を上げるとともに，「キャンナスには制度に縛られない強さがあり，「どれだけの思いを伝えられるか」という優しさで成り立っている」と教えてくれました。

● ボランティアナースの役割は，地域の福祉向上への貢献

キャンナスの菅原由美代表は次のように話しています。

「介護保険制度の中での経営者は，3年おきの報酬改定のたびに，マイナス改定に怯えているかもしれません。そして，その改定状況によってはこれまでの運営方針から大きく舵を切らないと，もしくは，事業を切り離してでも職員を，利用者を守っていかなければならないこともあるでしょう。しかし，そこに，『地域との連携』はありますか？ 地域のキーマンは誰ですか？ これからの地域包括ケアは，どうあがいても『医』を中心に，介護サービスを展開していかなければならないのです。病院も，町の開業医も，地域で必要とされるサービスは何かを時勢をとらえながら創出していけば生き残れるでしょう。

例えば，これまで，孤独死や認知症高齢者の徘徊が多発している地域では，チーム編成の上で見守りをしていくし，看取りをしていなかった開業医には，その役割を与えて地域の連携をつくることが大事なのです。県や市といった単位では，チームが大きすぎて無理です」

また，菅原由美代表から地域連携の面白いヒントもいただきました。

「居宅介護支援費の利用者1割負担導入の『是非』が問われていますが，先の負担を想定した上で，チーム編成していけばいいのです。賛否両論ありますが，もう利用者1割負担になったことを前提として，ケアマネジャーは利用者に『1割負担してでもあのケアマネジャーに自分のプランを作ってほしい。いや，いくら出してもいい。あの人でなければならない』と言わせるようなスーパーケアマネジャーが世の中に輩出されてもいいのではないでしょうか。そんなチャンスもあるということを考えてほしいです。

熊本地震でのキャンナス支援活動の菅原由美代表と看護師の皆さん

そして，さらには，『ロボット』がケアプランを作るような時代もくるでしょう。利用者個人で『マイプラン』を立案できるわけだし，世の中すべてが情報や検索ワードでデジタル化され始めているじゃないですか。その集積でビッグデータっていうんですか？　個人の嗜好や目標，精神状態なんかも，すべてデジタル化できる時代なんだし，そんなの自動的にプランに反映したらその人の生き様やこれからの予防も可能になるかもしれない。それも人件費削減になる。ケアマネジャーは，スーパーケアマネジャー以外は要らなくなるという危機感を持って利用者・家族と関わっていくべきだと思います」

　キャンナスはどんなに制度が変わっても，報酬や加算に振り回されず，創業した原点の形のまま活動するだけで，何ら変わることはありません。これについては，菅原由美代表の著書『いけいけ！　ボランティアナース～在宅ケアの新しい形』[1]でも，「キャンナス活動は看護師一人でも開業できて，フットワークを軽くしてできる範囲から始められるわけですから。得意分野だって生かせます。1人だって，2人だって，利用者のために持っている力を伸ばしていくことで最終的には地域の福祉向上に役立つのです」と述べています。

　菅原由美代表は，渡辺和子先生の『置かれた場所で咲きなさい』[2]からの名言「境遇を選ぶことはできないが，生き方を選ぶことはできる」をその通り実践しています。介護サービスも看護サービスに負けていられないですね。

参考文献
1）菅原由美：いけいけ！ボランティアナース～在宅ケアの新しい形，アニカ，2006．
2）渡辺和子：置かれた場所で咲きなさい，幻冬舎，2012．

左：菅原由美代表

取材にご協力いただいた菅原由美さんのプロフィール

キャンナス代表。1955年神奈川県生まれ。1976年東海大学医療技術短大看護学科卒。
東海大学病院ICUに1年間勤務。その後，企業や保健・非常勤勤務の傍ら3人の子育て。
1995年阪神大震災にアジア医師連絡会のメンバーとしてボランティアに参加。その後，クロアチア，サラエボにも行き活動する。
県の委嘱を受け，3人の知的障害児の里親となる。
1996年訪問ボランティアナースの会「キャンナス」を設立。1999年有限会社「ナースケア」設立。
2009年「ナースオブザイヤー賞」「インディペンデント賞」受賞。
2011年3月の東日本大震災をきっかけに，災害ボランティアキャンナスとして被災地において活動中。

導入編　事例3　早稲田エルダリー・ヘルス事業団「早稲田イーライフ」

元気創出！
介護予防でQOL向上コンシェルジュ

小濱Eyes

　介護保険サービス事業所が利用者に物販を行うと言ったら，多くの人は制度違反ですと答えるでしょう。それを実現しているのが，介護特化型デイサービスの早稲田イーライフです。早稲田の名前を冠しているのは，早稲田大学で開発したトレーニングプログラムを提供しているからですが，早稲田大学の訓練を受けられるということが大きなブランドとなり，利用者獲得における強みとして生かされています。

　早稲田イーライフでは，今回「保険外サービス活用ガイドブック」の事例で紹介されたイーライフボールの販売以外にも，トレーニングの後に飲むドリンクやサプリメントの販売，おせち料理の紹介，イオンのまいばすけっととの連携など，新しくて興味深いサービスを次々に打ち出しています。自由な発想力が魅力であり，訪問介護の独壇場と思われていた掃除などの生活支援サービスも介護保険外サービスとして提供するほか，お出かけサポートサービス，写真撮影サービスなど趣向を凝らした事業展開を行っています。

　また，通所介護の提供が終わった18時以降には，地域住民に対してトレーニングマシンなどを開放し，ミニフィットネスサービスを提供している代理店（FC〈フランチャイズ〉会員をこう呼んでいます）もあります。地域によっては，利用者の家族限定で開放して，一種のプレミアサービスになっている代理店もあるなど，とても興味深い取り組み事例を持っており，今，最も注目している事業所の一つです。

施設概要

住所	〒108-0074　東京都港区高輪四丁目24番58号
電話番号	03－5447－5470
ホームページ	http://www.waseda-e-life.co.jp
サービスの種類	訪問看護，通所介護，居宅介護支援，介護予防訪問看護，介護予防通所介護，認知症対応型通所介護
施設数	計103施設（東北北海道9，関東40，東海6，近畿6，中国9，九州沖縄33：平成28年6月現在）
利用料金	規定なし。地域性，商圏，経営者の方針により異なる。
開設日	平成16年5月26日
1カ月の利用状況	1施設当たり，利用登録100人が週に1〜2回の利用。
広告宣伝の方法	主にはケアマネジャーへの地道な外回り営業。
主な利用者の構成	平均80歳（男女比40：60）

西村Report

●活動と参加を目指した脱介護プログラム

「早稲田イーライフ」は，平成15年に介護予防を事業目的として設立された「早稲田大学エルダリー・ヘルス研究所」との産学事業として始まりました。リハビリテーションではなく「運動習慣を身につける」介護サービスを目指しており，「活動と参加」から逆算して個別に組み立てた運動プログラムの提供を重視しています。

「介護事業ではなく脱介護プログラム」という筒井祐智社長の言葉の通り，イーライフで過ごす空間は常に笑い声で活気づいています。早稲田イーライフのプログラムはメニューは確立していまして，選択性はありません。

●ニーズに合わせて選択する世代への対応

施設内で視聴できるテレビには早稲田大学エルダリー・ヘルス研究所の教員陣が講師を務める「健康コンテンツ」が配信されています。

私が訪問した日の配信は「むせの予防講座」。この日の利用者は9人で，そのうち7人が講座を視聴していました。ほかは1人がうたた寝，もう1人は「頑としてテレビは見ない。トレーニングも一人でやる」という利用者で，自分のやりたいことをやるという光景が見られました。少し前の世代のように，「全員で一緒にやることが大事。一人で違うことは良くない」という雰囲気はなく，サービス提供に対する考え方がかなり異なっていることが感じられました。

このような光景は，10年前に別の施設で私も目撃したことがあります。しかし

早稲田イーライフで介護講座を受ける利用者

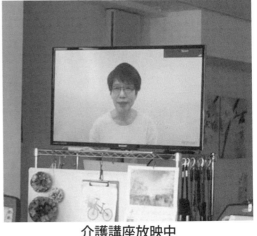
介護講座放映中

その時は，和を乱す利用者をさらに高齢の先輩利用者が大声で叱っていました。今回イーライフのサービス現場を見て，あの頃目にした光景とは違い，自由になったような気がしました。

それだからこそ，「自らのニーズに合致した場合には，サービスに対価を払ってもよい」と思う高齢者が増えてくると思うのです。これからの世代のニーズを満たすためには，介護保険外サービスをいかに充実させて，生活の質を担保していくことがカギになると実感しました。

● 商品サービスの提供

また，イーライフでは，偏ったサービスや商品の提供にならないように，利用者に提案できる商品サービスを20種類用意しており，それらを一冊の本にまとめた「コンシェルジュブック」というものを使ってサービス提供の際にプレゼンテーションしています。それぞれのコンセプトは「元気になる」「意欲が高まる」「モチベーションに火がつく」のものばかりです。

動画配信サービス「welistTV」番組表

サービスや商材の案内については，最初は恥ずかしがったり，とまどったりする職員も多く，「これ，案内したり，売ったりしていいんですか？」と疑問を呈されることがあったそうです。また，行政も「介護保険事業所が物やサービスを売ったり，提供したりすること」について，協議の対象にして持ち帰ることも多かったといいます。しかし，「保険外サービス活用ガイドブック」が公開されたこともあり，

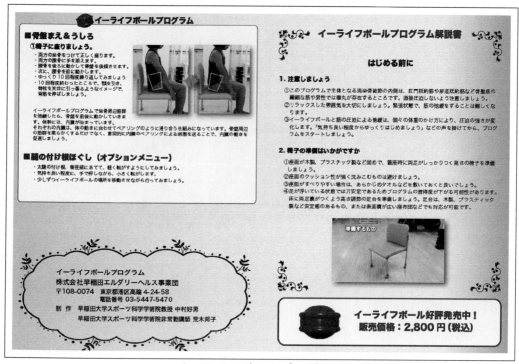

イーライフボールプログラム

　今後はこのようなサービスの提供方法を各地方でもならっていくことになるでしょう。
　私も実際に「イーライフボールトレーニング」を試してみました。これは，健常者である私にとっても痛いマッサージトレーニングでしたが，筋力が衰えてきている高齢者にはどのような効果が期待できるのか尋ねたところ，「姿勢を正し，骨盤と背骨の曲がりを治す効果」が見込まれるとのことです。3年がかりで早稲田大学が試行を重ね，現在2,800円で販売されています。大田区地域包括センターのトレーニング教室ではすでに100個売れたとのことで，イーライフの主力商品にもなりつつあります。
　また，運動後に摂取するアミノ酸は，1施設当たり月300個販売されており，介護保険外サービスを商品として利用者に提供する「形」が整ってきたことを実証しています。
　もっとも，この流れでますます商材を増やしていくのか，「販売目標」を立てるのかというビジネスとしての方向性については，筒井祐智社長曰く「われわれはあくまでも元気になるためのデイサービスを提供することが目的である以上，売り上げを目標にすることはありません。商品やサービスの購入については『こんな物があったのならちゃんと教えてよ』と指摘されないように案内を欠かさないことです」とあくまでも自然体です。

●データの把握と活用

　イーライフでは平成27年からQOL支援チームを事業部化しているそうです。そこでは，シーズ企業との連携を図り，各通所介護のコンシェルジュ機能に集まった利用者の声を活用して，サービス・商品造成や供給をします。「サービス提供の形で，実顧客の生の声を聞いて軌道修正する」というトライ＆エラーを重ねて，「どれが有効でどれが不要か」という視点から変わりゆく世代ニーズを近似値で掌握し，集まったデータを活用したいとのことでした。

●介護保険外サービスによる利益とは

　ただし，これら介護保険外の商品やサービスは，必ずしも短期的に利益に結びつかないことも過去のトライ＆エラーで経験されています。その点では一日の長ですが，筒井祐智社長は「それよりも利用者とその家族が幸せになることが最優先。そのための情報提供を長期スパンで取り組んでいきたい」と考えていました。

取材にご協力いただいた筒井祐智さんのプロフィール

株式会社早稲田エルダリーヘルス事業団 代表取締役社長
1976年福岡県出身。慶應義塾大学法学部政治学科卒業。都市銀行，医療コンサルティング会社を経て医療法人相生会入職。臨床試験実施業務，クリニック，介護事業所の新規立ち上げ，人事業務に従事した後，同医療法人グループ内の医薬品開発受託機関において経営企画部門責任者として株式上場，Ｍ＆Ａ，新規事業等を担当，その他治験施設支援機関，医薬情報出版社，動物薬マーケティング支援会社，有料老人ホーム運営会社の役員を歴任。2014年９月より現職。早稲田大学エルダリー・ヘルス研究所招聘研究員。

|導入編｜事例4｜ デイサービス「La miyabi美穂ヶ丘」

「食で地方創生」を クラウドファンディングで支援する

> **小濱Eyes**
>
> 食事に特化したサービスを提供しています。すべてにワンランク上の食材を生かし，通所介護とは思えない食事を日常的に提供するという新しい発想のサービスです。通所介護の昼食の平均が500円ほどである中，1食800円という価格です。しかし，それ以上に価値がある食事は，安いと思わせる力があります。安いとは何か，価格設定の考え方に一石を投じる事例です。

施設概要

住所	〒567-0047　大阪府茨木市美穂ケ丘5－5　サカタハイツ一階
電話番号	072－622－2299
ホームページ	http://www.lamiyabi.com
サービスの種類	通所介護，介護予防通所介護
配置職員数	8人
利用料金	外出クラブ：1回1,000円前後　似顔絵講座：1,000円 食費：1食800円，おやつ100円，飲み物100円 フラワーアレンジメント：1,500円　エステ：1,000円～
開設日	平成27年1月
1カ月の利用状況	約300人
主な利用者の構成	男性が3割程度。年齢層は70代から90代（90代の方がお元気です）

西村Report

●ワンランク上の食材を生かしたサービス

「La miyabi美穂ヶ丘」は「食のイベント」で地域一番を目指しています。通所介護として高級路線を追求する事業所も増えていますが，La miyabi美穂ヶ丘は親会社が飲食事業を経営しているため，食材もワンランク上のものを使うことができるということでした。そして，肉，野菜，海鮮と素材を生かした絶品料理は利用者だけでなく，家族からも高い評価を得ており，「また来たい」という声につながっています。

1日に利用者が支払う食についての費用は1食800円，おやつ100円，飲み物100円，合計1,000円。このサービスは完全にコストオーバーですが，それよりも，

料理は一品ずつ料理人による手作り。介護事業者のための職人ではなく，料理人が利用者のために料理

広々とした食堂に「居心地」のよい時間を過ごせる雰囲気づくりにこだわる

料理人のこだわったワンランク上の美味しい料理

挽きたてのコーヒー，茶葉からの紅茶，100％のストレートジュース，認知症予防効果のあるハーブティーなど，飲み物にもこだわりがある

「利用者，その家族の『要介護になってもホテルで出されるような食事を食べたい』『家に引きこもりたくない』という希望をかなえるためなら何でもやろう」という気持ちで，食のイベントに取り組んでいるそうです。

●サービス利用の「きっかけ」づくり

　ここで想定外だったのは，男性の利用者も「食事」がきっかけとなり，今まで行きたがらなかった通所介護の利用につながったというケースでした。このケースからは，受け身的でもいいから，何か「きっかけ」があればサービスを利用する世代が増えているということが想定できます。また，通所介護の利用により，途切れていた社会との交流が復活したことが，本人にとっても家族にとっても，何よりうれしいことだそうです。実は，地域柄，La miyabi美穂ヶ丘に通われている男性利用者は元大手企業の重役であったり，学問を極めた人であったり，それぞれのプライドを持っている人が多いそうです。

男性も思いのままご自身の好きな時間を
好きなだけ過ごすことができる

● ここでも大事なのは定期的な「食アセスメント分析」

　La miyabi美穂ヶ丘の売りは「イベント」としての食の提供ですから，カロリーを調整したり，刻み食やミキサー食にしたりすることはありません。そのため，誤嚥防止や嚥下機能の維持・向上については，アセスメントの段階で他にない取り組みをしています。その上で，食を本格的に目で楽しみ，舌で楽しみ，季節を感じながら，「おいしいね」という会話を楽しめることにこだわっています。

　そして，「食」以外の要望の強い利用者については，近隣の通所介護とも率先して連携し，サービス利用につなげています。具体的には，介護予防，外出，機能訓練，入浴，その他の在宅サービスを直接案内するだけでなく，居宅事業者とも連携して利用者を紹介し合っているとのことです。

　プロデューサーの藤井円さんは，「今後は，直営の飲食事業からの拡大戦略として農場や漁業を含めた中央市場と連携し，それに起因する『地方創生としてのクラウドファンディング』での支援も通して，地域全体を演出し，自社の役割を最大に提供していきたい」と意気込んでおられます。

取材にご協力いただいた藤井円さんのプロフィール

介護福祉士。介護支援専門員。
大阪生まれ。祖母の在宅介護を4年経験。一般企業にて女性初の営業職として勤務。介護保険成立を受けて，これからは福祉と思い転職。老人保健施設にて通算7年勤務。福祉施設運営会社にて15件のホームやグループホームの立ち上げを行い，施設長や計画作成担当者を歴任する。2013年HAPPYLEAF設立。新人教育など研修や介護施設設立支援，コンサルティングを行っている。
「すべての福祉に携わる人が幸せになるように。経営者も職員も利用者も幸せになる，よいつながりを目指して」老人ホームを運営していく上で必要不可欠な営業，育成，定着を，すべてがうまく回るようにお手伝いします。老人健康施設に7年。グループホーム，老人ホーム7年の実績で多種多様なお悩み相談を解決します。

導入編　事例5　社会福祉法人光朔会「オリンピア」

地域連携のさきがけ

小濱Eyes

いくつになっても夢が実現できるようにお手伝いをする。この夢の実現は，介護サービスが目指す一つの頂点ではないでしょうか。私たちの仕事は，利用者の夢を実現することです。このテーマに真っ正面から取り組んでいる事例がここにあります。まずはご一読ください。

施設概要

住所	〒652-0865　神戸市兵庫区小松通5－1－14
電話番号	078－671－7065
ホームページ	http://www.olympia.or.jp/
サービスの種類	高齢者総合福祉施設（認知症高齢者グループホーム，ショートステイ，デイサービス，ホームヘルプ，居宅介護支援事業所，カフェ）
配置職員数	61人
利用料金	ランチ：600円　弁当：500円
開設日	平成16年8月（※法人設立は平成7年12月）
1カ月の利用状況	グループホーム：稼働率100％，ショートステイ：稼働率98％，デイサービス：1日平均13.5人，ホームヘルプ：1日平均10件，カフェ：1日平均15人
広告宣伝の方法	ウェブ，SNS，利用者・ご家族への手紙，出版物への広告掲載，近隣の事業所・会社等への訪問，ポスティング，口コミ
収益の状況	過去最高の売り上げを更新中
主な利用者の構成	利用者平均年齢89.5歳　男：女＝1：8（グループホーム）

西村Report

●社会貢献に力を注ぐ高齢者施設として

　私の知り得る中で，最も古くから地域連携に取り組んだ社会福祉事業所は，大阪の四天王寺（開祖聖徳太子）社会福祉事業団です。しかし，そこまでさかのぼらなくとも，神戸にある社会福祉法人光朔会「オリンピア」に来れば，福祉の原点を見ることができます。

　社会福祉法人光朔会の歴史は，昭和25年に設立された「オリンピア幼稚園」から始まります。阪神淡路大震災によって建物が全壊し，一度はその歴史に幕を下ろ

利用者自ら率先して各自の役割を話し合い「仕事」をする

したものの，震災で傷つき，行き場を失った多くの高齢者に手を差し伸べるため，幼稚園の跡地で高齢者事業に取り組み始めました。地元に馴染んだ法人であり，幼少時には幼稚園に通い，現在は介護サービスを利用している人も多いようです。

また，その社会貢献は半端なものではありません。祖父と父の魂を引き継いだ山口宰常務理事は大学院で人間科学を専攻し，「認知症になってもその人らしい暮らしを続ける」を可能にするアプローチとしてパーソンセンタードケアを実践，ノーマライゼーションを事業全体の理念として取り組んでいます。

特に重度の認知症がある人のターミナルケアについては，経験則ではかれない，百人百様の無限の接し方があるため，その家族もチームケアの対象と考え，24時間の行動を分析，科学的かつ理論的にパーソンセンタードケアを実践しています。

●残存機能の総決算

「わたし，死ぬまでに一度ハワイに行ってみたい」と希望する利用者と周囲の人たちが集まり，1年がかりで計画を立てたそうです。実際に4泊6日を実行した無謀も，「無事に戻れば一生の思い出，宝をプレゼントすることになる。いくつになっても夢を実現するお手伝いをする」という発想につながり，以来，次々にプロジェクトを誕生させています。ハワイは1年がかりのビッグプロジェクトでしたが，その後も，北海道，沖縄，湯布院，淡路島，城崎温泉，有馬温泉などへの外泊サービスの実行に引き継がれています。

また，ここから一番近い「笠松通商店街」の食堂の女将が重度の要介護となり，現在はオリンピアの利用者の一人になっていますが，それを聞きつけた街の人たちから「また女将のおでんが食べたい」という声が集まり，「オリンピアマーケット」で昔のままの割烹着姿で70人分のおでんを作ってもらったこともあるそうです。必死におでんを作る女将の姿は，街の人たちの希望と女将の職場復帰を同時にかなえました。もちろん，そこには職員の努力があったことは言うまでもありません。

●オリンピアのチャレンジ精神

山口宰常務理事の思いは，「オリンピアが目指す希望の光は，高齢になっても病気になっても普通の暮らしができること。つまりノーマライゼーションの考え方を

広げていくチャレンジ精神こそ，いくつになっても必要だと思う。チャレンジとは，物事を変えていくこと。物事を変えていくための3つのポイントは，①自分が変わること，②仲間をつくること，③できる理由を見つけること。職員，地域，利用者にもつながっている」（＊詳しくは，『明日の福祉に希望の光を―オリンピアのノーマライゼーション』参照）[1]です。

その「オリンピアのチャレンジ精神」こそが，不可能を可能にし続ける震災からの復興にもつながっていることを，目の前の利用者の支え合いから感じました。

引用・参考文献
1) 山口宰：明日の福祉に希望の光を―オリンピアのノーマライゼーション，聖光会出版，2013.

右：山口宰常務理事

取材にご協力いただいた山口宰さんのプロフィール

社会福祉法人光朔会オリンピア 常務理事，神戸国際大学経済学部 国際文化ビジネス・観光学科 准教授。博士（人間科学）。
1979年，神戸市に生まれる。2002年，大阪大学人間科学部卒業。同年4月，大阪大学大学院人間科学研究科に進学し，認知症ケア・高齢者ケアに関する研究を行う。
2002年8月より1年間，文部科学省最先端分野学生交流推進制度奨学生として，ヴェクショー大学看護福祉学部（スウェーデン）に留学し，高齢者福祉・障害者福祉を学ぶ。2007年，大阪大学大学院人間科学研究科博士後期課程修了。2004年8月より，社会福祉法人光朔会高齢者総合福祉施設オリンピア兵庫館長。2010年4月より同法人高齢者事業本部長。2011年12月より常務理事。
大阪大学大学院人間科学研究科・和歌山県立医科大学・神戸松蔭女子学院大学・大手前大学・神戸医療福祉専門学校等で非常勤講師を務めるほか，講演は年間50回を数える。
特定非営利活動法人リンクデザイン理事，神戸市介護認定審査委員。株式会社オリンピアファーム代表取締役。趣味は空手とコントラバス。
主著：『明日の福祉に希望の光を』（聖公会出版）
　　　「ユニットケア導入が認知症高齢者にもたらす効果に関する研究」（岩田正美・副田あけみ『リーディングス 日本の社会福祉3』日本図書センター）
連載：「老人は夢を見，若者は幻を見る―高齢者ケアの現場から」（『にっち倶楽部』）
公式サイト：http://www.ptsukasa.jp/

導入編　事例6　株式会社「やさしい手」

一億総活躍社会・社会的包摂を自社で実行 「住み慣れた家で安心して老いる」

小濱Eyes

セット料金，定額料金制によるサービス提供には安心感があります。そして，ICT（情報・通信に関する技術の総称）化による徹底したコストダウンが特徴です。しかし，現在の介護保険制度において，介護保険サービスと介護保険外サービスをシームレスに行うには制限があるという問題もクローズアップされています。

会社概要

住所	〒153-0044　東京都目黒区大橋2－24－3　中村ビル4階
電話番号	03－5433－5513
ホームページ	http://www.yasashiite.com
サービスの種類	居宅介護サービス，訪問介護，定期巡回・随時対応型訪問介護看護，居宅介護支援（ケアプラン作成），デイサービス，訪問入浴介護，福祉用具貸与・販売，住宅改修，包括支援センター（委託事業），在宅介護支援センター，ショートステイ，訪問看護，有料職業紹介事業，一般労働者派遣事業，フランチャイズ事業，介護職員養成講座，サービス付き高齢者向け住宅運営事業
配置職員数	社員数5,559人（常勤1,028人，非常勤4,531人）（平成26年6月末現在）
開設日	平成5年10月1日
1カ月の利用状況	平均的に週1回，1.5時間程度
広告宣伝の方法	ホームページ，インターネット広告，専門職への営業
主な利用者の構成	65～75歳，女性8割（3年前比較で1.5倍程度）
利用料金	1.5時間×3,000円×4回＝18,000円/月程度

西村Report

●早見表の活用

株式会社「やさしい手」では，重度・軽度の人も比較的お手軽価格で利用できる介護保険外サービスに取り組んでいます。同社は，昭和38年に老人福祉法で定められた「家庭奉仕員」に伴い，その翌年に家政婦紹介所「大橋サービス」として設立され，当初の主業務としては「病院の付き添いの担い手」「訪問入浴の担い手」「低

所得者への家庭奉仕」が行われていました。その後，潜在ニーズの創造として，「夜間対応」「介護機器のレンタル」も付け加わりましたが，当初から継続されている考え方は「年をとっても住み慣れた地域社会で家族とともに安心して暮らせるよう，総合的なサービスを行う」「介護は大変な仕事だから家族同士で憎しみあってほしくない。家族同士には愛を。介護はプロにおまかせください」です。

　やさしい手では介護サービスの提供に当たり，「家事代行・介護サービス早見表」（**図1**）を提示し，利用者が確認しています。この段階で，大橋サービスをはじめとした介護保険外の新サービスも紹介することで，家族・本人の選択肢が広がり，またサービス提供者側も選ばせやすくなっているとのことでした。

　やさしい手が提供する介護保険外サービスは「生活支援」であり，その定義は，重度・軽度にかかわらず利用者の家族の代替的として行われるサービスです（**図2**）。

●セット価格での提案

　図3の「おまかせさんパック」の中で，介護保険外となる介護・家事サービスは，介護保険サービスとしての訪問介護事業と介護保険外サービスのエリアを重複兼務することによって，サービス提供の時間・移動距離の効率性も高めるような仕組みとなっています。

図1●家事代行・介護サービス早見表

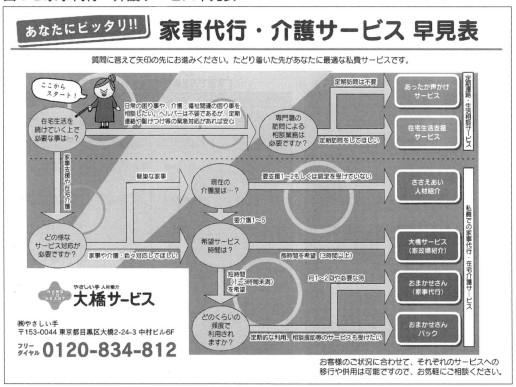

図２●高齢者向け生活支援サービス

在宅介護 やさしい手

ご高齢者向け 私費サービス一覧表

やさしい手では、介護保険等の公的なサービスでは対応しきれない、日常生活でお困りのお客様をサポートする私費サービスを多数ご用意。ご希望や必要な用途に沿った最適なサービスをご提案させて頂いております。

サービス名	定期連絡・生活相談サービス		私費での家事代行・在宅介護サービス			
	あったか声かけ	在宅生活支援サービス	ささえあい人材紹介	大橋サービス（家政婦紹介）	おまかせさん（家事代行）	おまかせさんパック
契約形態	請負（やさしい手がサービス提供者を雇用）	請負（やさしい手がサービス提供者を雇用）	人材紹介（ご利用者がサービス提供者を雇用）	人材紹介（ご利用者がサービス提供者を雇用）	請負（やさしい手がサービス提供者を雇用）	請負（やさしい手がサービス提供者を雇用）
サービス利用者	要介護・要支援の分け隔てなく利用限定はありません	要介護・要支援の分け隔てなく利用限定はありません	65歳以上の高齢者限定（要介護認定者を除く）※要支援認定者は対象	要介護・要支援の分け隔てなく利用限定はありません	要介護・要支援の分け隔てなく利用限定はありません	要介護・要支援の分け隔てなく利用限定はありません
サービス提供者	やさしい手 社員	やさしい手 社員	近隣地域の住民（ボランティア、シルバー人材等）	職業人としての家政婦	やさしい手雇用のホームヘルパー やさしい手雇用の家事支援者	やさしい手雇用のホームヘルパー やさしい手雇用の家事支援者
サービス概要	携帯端末を活用した月1回の声かけ、365日（8：00-22：00）で適宜介護等相談支援。ゆめまかせシステム活用	月1回の定期訪問および携帯端末を活用した24時間365日の相談支援。日常生活費の金銭管理。ゆめまかせシステム活用	簡易的な生活支援のみ（身体サービスは除く）	家政婦（家事業務）	家事代行、在宅介護 育児支援	相談援助、家事代行、在宅介護、２４時間３６５日駆けつけ
サービス時間	ご利用料金欄参照	ご利用料金欄参照	1回 30分～2時間程度	1回 3時間以上	1回 3時間以内	10時間／月、20時間／月、30時間／月
ご利用料金	基本料金：月額2,160円 コール料金：1回20円 声かけ追加：1回270円 位置検索：1回216円 翌日以降訪問：1回1時間5,400円 セントラル駆けつけ：1回1時間5,940円	基本料金：月額5,400円 随時訪問料金：3,240円～/時間 みまもりケータイコール料金：1回20円	1,200円／時間	3時間未満 2700円／時間 3時間～5時間 2000円／時間 5時間以上 1610円／時間 事務手数料 670円／回	家事コース 3,240円／時間～ 家事コースプラス 3,888円／時間～	32,400円／月（10時間） 64,800円／月（20時間） 86,400円／月（30時間）
料金内の紹介手数料額	なし	なし	300円／時間 事務手数料 500円／回	3時間未満 700円／時間 3時間～5時間 400円／時間 5時間以上 210円／時間 事務手数料 670円／回	なし	なし
保険（保険適用は状況による）	やさしい手加入の保険を原則とする	やさしい手加入の保険を原則とする	サービス提供者自身の保険加入（ケアワーカー賠償保険）を原則とする	サービス提供者自身の保険加入（ケアワーカー賠償保険）を原則とする	やさしい手加入の保険を原則とする	やさしい手加入の保険を原則とする

図３●高齢者の状態・ニーズに合わせたサービスメニュー

緊急通報・随時の電話相談を受けるケアコールで生活全体を支え、高齢者の状態・ニーズに合わせて、定期連絡、定期訪問、家事・介護サービスを組み合わせたメニューを展開。

①あったか声かけサービスプラス	②在宅生活支援サービス	③おまかせさん スーパーライトパック	④おまかせさんパック（ライト）
			月10時間の家事,介護サービス
		月3時間の家事,介護サービス	
電話相談援助	訪問相談援助		
ケアコール端末（緊急通報・24時間相談）	ケアコール端末（緊急通報・24時間相談）	ケアコール端末（緊急通報・24時間相談）	ケアコール端末（緊急通報・24時間相談）
3,500円/月	6,500円/月	10,000円/月	30,000円/月
・ケアコールを使用した見守りサービス ・月1度の定期連絡にて相談援助	・ケアコールを使用した見守りサービス ・月に1度定期訪問にて相談援助	・ケアコールを使用した見守りサービス ・月3時間の家事、介護サービス	・ケアコールを使用した見守りサービス ・月に1度定期訪問にて相談援助 ・月10時間の家事、介護サービス

※料金はすべて税抜の料金となります。

（料金・サービス内容は平成28年４月現在）

高齢世代は，商品やサービスをカスタマイズして個々で組み合わせるよりも，やはり「セット価格」というものにどうしても馴染んでいます。ましてや「介護保険外」のサービスとなると，初めて使った月の月末の明細が怖くなるのではないでしょうか。サービスが定額料金になることで，使い方をイメージしやすく，馴染みのなかった商品サービスにも抵抗が減り，家族も，高齢者も不安が解消できます。

プランの作成には，事前に生活相談員が訪問し，利用者一人ひとりのニーズを聞

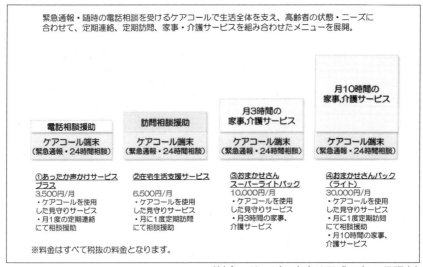

き取り，セットの提案と正式プランの作成と提案を行います．ただし，香取幹社長からも伺いましたが，介護保険サービスの人員，設備および運営に関する現在の基準（以下，運営基準）は介護保険外サービスと組み合わせにくいものになっているため，まずは，その代替性が利用者まで届けられるような運営基準への改正が望まれます．

●自社開発ソフトによる情報共有

また，やさしい手のセットプラン最大のメリットは，IoT（物のインターネット化）を活用した自社開発ソフトによる「電子カルテ」で情報を共有し，介護保険内外のサービスデータを一元化していることです（**図4**）．

介護保険外サービスの導入を考える際，一般的な事業所が最初に突き当たる問題は人手不足ですが，「今は普通の介護保険サービスでいっぱいだから，そのうち介護保険外サービスも導入するわ」というような声を一掃するものが，やさしい手の「自社開発ソフト（H2システム）」です（**図5**）．

具体的には，介護ヘルパーの基本情報と利用者情報を基に，自動的に最適なサービスルートがつくれるため，「サービス提供責任者の利用者と介護ヘルパーのマッチングにかける時間」を半分に減らすことができます．今の訪問先と次の訪問先の距離を緯度経度情報により最短で適正化し，候補のヘルパーを優先的に配置することで，介護保険外サービスを希望する利用者へのヘルパー配置も簡単にできるのです．急なサービスのキャンセルや時間変更もボタン一つで（1分）で指示できるような仕組みも，やさしい手自社ソフトならではの仕様です．

さらに，ソフト導入により余裕のできた時間内に介護保険外サービスを導入するだけではなく，実際の利用者の問題点の発見→疾患管理からの予後予測→必要なプランの再考から提案までも行い，365日24時間随時，利用者の相談や不安に対応できるよう直営コールセンターも完備しています．

そして，業務をソフトでデジタル化するだけではなく，月1回以上の訪問→生活状況のモニタリング→電子カルテ情報共有→事業所内確認→利用者本人や家族との情報共有のサイクルも確立されており，間接的コストも下げることに成功しています（うれしいことに，このソフトは「他社にも販売できる」ということもお伺いしました）．

●ヘルパー全員のプロ化への仕組みづくり

介護保険内外のサービスを統合し，マネジメントシナジー効果を得るにはIoTが必需品であることをやさしい手が証明しています．

図4 ● 介護保険内外サービスデータの一元化

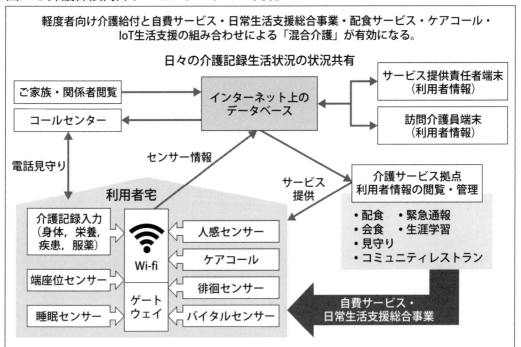

- 「介護過程」と「10分未満の直接的な生活援助」の組み合わせのサービスを位置づけとともにケアコール機器の活用により，在宅生活継続の効果を拡大させることができる。
- さらに，IoT（物のインターネット化）の技術の活用により，利用者一人ひとりのニーズに合わせた在宅生活支援，および自立支援の成果を拡大するサービスが可能となる。
- 介護給付による「介護過程」と自費によるIoT機器生活支援の統合は「混合介護」として提供されることが想定される。居宅介護支援において，統合的に「混合介護」が行われるかが重要なポイント。

図5 ● シフト管理は「自動シフトシステム（H2システム）」を活用

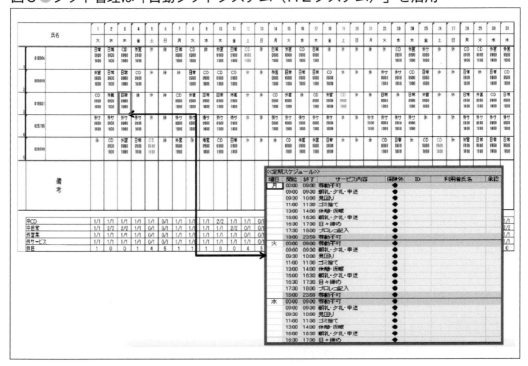

やさしい手の売上高において，介護保険外サービスの占める割合は7％以上になり，介護保険を主たる業務としている他社平均の2倍以上（他社は平均3～4％）となっています。まさに「利用者1割：公費9割の介護」の原則からの脱却し，平成32年までに内外比＝5：5を目指すことが経営のリスク分散ポートフォリオ確立につながります。その点で，やさしい手の介護保険外サービス事業の課題と今後の方向性について，かつての介護サービスを「生活産業」として発展させ，もっと深いところにある潜在ニーズを起こし，日本の「消費経済」に貢献できるようにしてもらいたいと感じました。

そのためにも，「運営基準」などの改善に行政の協力は不可欠であり，民間への情報浸透と同時に行政から民間への柔軟で早急な対応も望まれます。介護保険サービスと介護保険外サービスを一体化した混合介護への積極的なかかわりが，「持続可能な社会保障制度」を確立させるのではないでしょうか。

最後に香取幹社長から，「今こそ，ヘルパーの能力をキャリアパスで〈できるヘルパーそうでないヘルパー〉と二分化するのではなく，全員がプロになれるよう仕組みをつくっていかなければならない。少なくともやさしい手が取り組む介護離職ゼロ，一億総活躍社会とはそういうものと確信しています」と強い言葉をいただきました。

取材にご協力いただいた香取幹さんのプロフィール

1968年東京生まれ。1994年千葉大学工学部卒業。株式会社ビーエフを経て，1998年に在宅介護サービス会社「株式会社やさしい手」入社。2006年同社代表取締役社長に就任。

導入編[番外] 事例7　株式会社エルダリーリビング「デイサービス・ラスベガス」

介護予防に革命！
アミューズメント型テーマ通所介護

小濱Eyes

　兵庫県内で禁止措置がとられたことで一躍脚光を浴びた，カジノ型通所介護です。禁止措置の後には，カジノといわれるものが実は認知症予防に有効であるなどさまざまな議論が出され，それは今も続いています。その一つのキーワードは，「介護らしくない異次元空間の提供」であり，利用者を高齢者扱いするのではなく，お客様として対応することです。高齢者の社会参加とは何かを考えさせられる取り組みです。

施設概要

住所	〒106-0044　東京都港区東麻布１－25－３　第２富田ビル７階
電話番号	03－6229－3533
ホームページ	http://www.elderly.jp/lasvegas/
サービスの種類	通所介護，介護予防通所介護，介護付き有料老人ホーム，住宅型有料老人ホーム，サービス付き高齢者向け住宅，居宅支援事業所，訪問介護
開設日	平成12年４月
主な利用者の構成	通常で運営しているデイサービスが３：７で女性比率が多かったが，逆転して７：３で男性利用が多くなった

西村Report

● みなさんは自分の24時間をどう使っていますか？

　私たちは１日24時間のうち８時間を「睡眠」，８時間を「移動や食事，入浴，趣味」そして，残りの８時間を仕事に使っています。定年退職後は，仕事にかけていた８時間が趣味の時間になるのでしょう。楽しみですね。

　しかし，その老後を満喫している最中に，「認知症です」「要介護です」と宣告されたらどう感じますか？　その宣告が人生の大きな転機となり，「嗚呼。もう社会には戻れない」「外出制限が公的にされる」などの大きな不安を抱く人が多いのも事実でしょう。自分の入ったことのない世界に入り，今まで自由に行動していた生活も一変。自由な時間であった８時間は自由な時間ではなくなり，家族や介護職員

アミューズメントスペース

に監視され，どのように時間をつぶすのか，またはどのようにつぶしてもらうのでしょうか。プロであろう介護職員に一任することになるとしたら，信じていいのでしょうか。私は不安です。

● アミューズメント型介護サービスの意義

そこに，たまたま「介護らしくない」「老人扱いされない」アミューズメント型の介護サービスがあったら私はうれしくなります。反対派からは「公費を使って遊ぶもんじゃない」「射幸心をあおっては日常生活への影響が心配だ」という意見が，賛成派からは「将棋や習字を好む人がいるように，麻雀やブラックジャックを好む人もいる。デイサービスの選択肢として存在してもよい」というような意見が聞かれます。しかし，その種類こそ賛否あれども，アミューズメントをレクリエーションと位置づけて「社会参加」につなげるという点は重要です。スウェーデンのカロリンス研究所による疫学調査において，社会参加が認知症のリスクを減らす重要な要因と証明されているように，その意義については前述した賛成派，反対派の両者にも共通して理解されています。

● コンセプトはあくまでも自立支援の実践

エルダリーリビングが経営する「デイサービス・ラスベガス」について，安田一紀役員に伺いました。

「『ラスベガス』の名を聞くだけでドキッとされるかもしれませんが，もちろん，介護保険制度内サービスを行っているため，一切のギャンブル行為は行われておりません。かといって，ステレオタイプなそれとも雰囲気が違います。公的保険を利用する以上，そのサービスが目指すものは『自立支援の実践』です。デイサービス・ラスベガスとしても，利用者が1日中ゲームに興じることは良しとしておらず，それぞれの運動はスポーツトレーナー，機能訓練は指導員の監修でプログラムを1日複数回に分けて，集中力・体力に過度の負担がないように行っています」

> 1日のプログラム
> ・全体運動：全員参加ストレッチ（1日2回実施）　　　計約20分
> ・部分運動：11種の部分運動（部位ごとに随時実施）　計約16分
> ・個別訓練：機能訓練指導員による個人別訓練　　　　計約20分

　実際に施設内を見ると，その様相は一般的に偏ったイメージの介護施設とは違います。全体から個別へと機能訓練を重視した時間も持つことで，明らかにそれらのレスパイト機能を売りにした通所介護とは一線を画しています。一般的な個別機能訓練の「利用者1人/日」当たりの実施平均時間は33.9分と，他の通所介護に比べても多い方です[1]。

●男性利用者の獲得に向けて

　現状の介護保険サービスでは，「介護認定は下りたけれども，介護のお世話になりたくない」と考え，引きこもる人も多くいます。デイサービス・ラスベガスのようなアミューズメント型というのは「介護や福祉はこうでなければならない」という概念を優しく崩す手段でもあると思うのです。特に男性の通所介護利用比率が30％程度しかいないという報告から推測すると，通所介護は集団に慣れた女性の集まりやすいサービスなのかもしれません[2]。

　「足腰を鍛えるため」「認知症予防のため」「孤独にならないようにするため」に，「まず，家から出ましょう」とはいっても，すでに新しい仲間関係が出来上がっている集団に向けて，今さら頭を下げて仲間に入れてもらうのも嫌だという男性の気持ちはよくわかります。私もそう思います。これに対し，デイサービス・ラスベガスでは，「まずは，集団に溶けこめない理由を打ち消すためにパチンコやその他サービスで一人遊びから始めてもらい，徐々に場に慣れてきたら他の利用者に話しかけるようになり，自然とコミュニティの中に入り込む」といった具合にコミュニケーション・レベルが向上するように，観察し，モニタリングし，個人の短期目標を評価し，フィードバックしています。

●利用者からボランティアスタッフへ

　また，スタッフの中には利用者と同年代の人が何人かいます。長谷川さん（**写真**）も，デイサービス・ラスベガスにボランティアとして週2～3回参加し，「寄りどころ」にしているそうです。話を伺うと，「パチンコをやめられない人もいたけれど，ここに来てからはここの生活になじんでいるから，代替療法としていいんじゃないかなあ。それと，ここで初めてマージャンを覚えた。こんなにワイワイ楽しい

おしゃべりがマージャンを通してできるなんて人生80年損したという人もいるよ。それは私が教えたんですよ」とのことでした。

かつては，デイサービス・ラスベガスにとって介護保険の認定者・受給者だった人も，現在は「ボランティア」としての参加希望者が増えており，想定外の社会貢献につながっているようです。このようなサービスの使われ方は地域で創出されていくもので，サービス参入の段階で「禁止」を掲げることこそ，社会資源の消失かもしれません。だからこそ地域によってサービスが異なったとしても，それが地域密着型の通所介護のよいところであり，あるべき姿なのでしょう。提供できるサービスの質，地域の裁量が改めて問われてくる問題です。

ボランティアの長谷川さん

デイサービス・ラスベガスが提供する「サービス」は「コミュニケーション」そのものです。ゲームや勝負が目的ではなく，それらを通した「会話が生まれる時間をつくる」といった工夫が有効となるのです。声高らかに「社会貢献意識を高めてボランティアをやろう」と言っても，なかなか人は集まるものではありません。人を集めるツールとして，マッチングさせる仕掛け・仕組みとしても，デイサービス・ラスベガスが提供しているようなサービスが十分役割を果たしていくでしょう。

引用・参考文献
1）平成23年度厚生労働省老人保健事業推進費等補助金，デイサービスにおけるサービス提供実態に関する調査研究事業報告書.
2）平成24年3月三菱UFJリサーチ&コンサルティング，デイサービスにおけるサービス提供実態に関する調査.

右：安田一紀役員

導入編[番外] 事例8　リハビリセンター「ホコル」

脳科学とバイオメカニクスを基に　フィットネス＋歩行

小濱Eyes

　カフェ×スポーツジムという発想で事業を展開しています。ここも介護施設らしくない異次元空間を演出し，利用者ではなく会員という扱いでサービスを提供しています。そこには脳科学を取り入れたリハビリ環境の整備という裏づけがあります。やはり，「介護らしくない」というキーワードは，介護保険外サービスを考える上でとても重要な要素になります。

施設概要

住所	〒862-0911　熊本県熊本市東区健軍1-37-6
電話番号	096-234-6650　0120-949-856
ホームページ	http://www.hokoru.com
サービスの種類	通所介護，介護予防通所介護
配置職員数	12人
利用料金	（一般会員価格）1回：2,500円　4枚チケット：8,000円　個別：10分500円
開設日	平成22年2月1日
1カ月の利用状況	新規利用者数平均16人/月，35人定員
広告宣伝の方法	自社デザイナー2人による定期広告物作成
主な利用者の構成	男女比率4：6

西村Report

●「ソーシャルインパクトボンド」への対応

　介護が必要になる前に「当たり前」に行っていたことを続けられてこそ，「自分らしい暮らし」といえます。このような「自分らしい暮らし」の継続をサポートするために，もう一つのインセンティブが平成24年イギリスで生まれ，昨年日本に導入されました。それがソーシャルインパクトボンドです。

　ソーシャルインパクトボンドは，次のように定義されています。

　「社会的投資の仕組みの一つ。行政と民間事業者が連携して，社会問題の解決や行政コストの削減を図るために導入された官民連携のインパクト投資」

ホコル大野城店入口。
西海岸をイメージしたカリフォルニアスタイルのデイサービス

　つまり，要介護者を社会に増やすのではなく，減らした場合に成功報酬（インセンティブ）がもらえるということです。「ホコル」の国中優治社長は，この仕組みについて次のように断言します。
　「従来の介護事業者が業界の垣根を越えた自由市場で『センス』と『強さ』を試されようとしているのではないか。逆に自由市場から介護業界への『参入』は，医療介護の教育の可否を試されているともいえる。介護独自の繊細なサービスを提供する上で，利用者の懐に踏み込めず，忸怩たる思いを持つのは介護経営で誰もが経験する壁。医療介護の知識・経験を持つ人は，利用者が懐に踏み込んだサービスを望んでいることをすでに現場で感じている。それは利用者が介護を求めているのではなく，自由市場で鍛えられた当たり前のサービスを求めている証明でもある。だからこそ，ソーシャルインパクトボンドの投資家に対してのアピールは，『提供側の介護の固定概念』を排除して，結果までの過程を明確に証明できるエビデンスこそインセンティブに直結すると確信している。自由市場におけるサービスクオリティの高さこそ選ばれる時代になる」

　「ホコル」はその名前の通り，「これからの人生を楽しむために歩く」＝「歩行」＋「できる」に徹底的にこだわったまさに結果にこだわった通所介護です。「今を生きる方々へのライフスタイルの提案にこだわり，変化しないことにこだわらない」という言葉に，法人の方向性も現れています。

● 「カフェ×スポーツジム」という空間が「介護施設」に
　現場へと足を運ぶと，「あれ？　ここ？　介護施設じゃないよね」という印象を受けました。外壁の落ち着いた外観と，外光まばゆい室内と整然と並んだ運動器具，

ホコル健軍店入口。平成28年5月に月出店から移転。デイサービスとフィットネスクラブ，カフェを併設し，まちづくりや地域のコミュニティの拠点となっている

ホコル健軍店
カフェスペース

ブランドカラー（赤と緑）を
アクセントにしたトレーニングルーム

ホコル琴平店
カフェスペース

どことなしか空気もおいしい。さらに奥には有名某カフェを思わせるゆったりとしたチェアがたたずんでいます。こんな「カフェ×スポーツジム」なのに，介護施設というから驚きです。

　中に入ると，室内には，まさにカフェかスタジオを思わせるおしゃれな音楽が流れ，そのリズムに体を揺らして動く利用者は，他の介護事業経営者から見ると奇異な光景に映るかもしれません。もうここまでくると「利用者」といわず，「会員」というワードの方がぴったりきます。

　私も「やりすぎでは」と思ってしまいましたが，国中優治社長に，なぜこのような若者向けの環境づくりをしているのか聞いてみました。すると，ここには脳科学を取り入れており，「サービス提供ターゲットが介護対象の65歳年齢層だからこそ，わざとマイナス15歳年齢層の環境づくりをしている」とのことでした。だから，ここのカフェも音楽も雰囲気も40代後半から50代前半層が好むように整備されていたのです。

　そして，国中優治社長は，「いい介護サービスを提供するのは事業者として当然。

そこにプラス何を提供するかが事業所の価値創造」と明確に考えています。

これからの利用者となる団塊の世代に対しては，「シニア向け」「高齢者向け」を掲げたサービスよりも，自然な感じで，若者も選んで利用する「介護施設っぽくない」「高齢者色が薄い」ということが集客上のポイントになることは間違いありません。

● 「脳内報酬」への働きかけ

さらに，ふと気づくと，通常あるはずの「鏡」がないのです。これも，脳科学を参考に，ミラーニューロンを発動させているとのことです。このミラーニューロンは，「できていない自分」を繰り返し見るよりも，「できている誰かの行動」を見ることで，「できている人の意思」が環境で伝わり，少しずつ「できていく自分」に近づけるようになるという「脳内報酬」ともいうそうです。

「ホコル」に通う利用者の目的は，「今ここに通っている自分」を自立レベルに上げて，「予防ジム」に通うことを目標としているのです。つまり，それは介護保険サービスを卒業し，元の自分の生活に戻るということです。まずは，要介護状態になってしまった自分を認めつつ，介護保険サービスを使い，そこでできた仲間と成果を喜び合い，悔しがりながらも介護保険外サービスに移行することで「結果」を出します。この流れを無理のない範囲で，自然に目標として設定できることが，介護事業所評価加算の取得につながります。そして，ソーシャルインパクトボンドなどの活用による「自立できる環境と結果」を導くことが，住民のみなさんへの貢献につながり，地域の財政負担をも自然に減らせるのではないでしょうか。

左：田中聖也さん，右：国中優治さん

取材にご協力いただいた国中優治さんのプロフィール

理学療法士，保健学修士。整形外科病院に勤務後，理学療法士養成校にて13年ほど専任講師を務めた後，リハビリ特化型訪問看護ステーション「ラシクアーレ」，歩行リハビリセンター「HOKORU」の運営を開始。高齢者の「人」「個性」を把握し，課題指向型アプローチに徹することを理念にリハビリテーションの提供を行い，業界内でも高い評価を獲得している。

〈田中聖也さんプロフィール〉
理学療法士

取材を終えて ―課題と提言―　　西村栄一

　平成15年に「地域包括ケアシステム」という言葉が介護業界に初めて提唱されてから早13年。しかし，私たちが住み慣れた地域にいつまでも住み続けることができることを目標とした「地域包括ケアシステム」そのものは「隙間の多い箱」でしかなく，現在はその中身をどうするのかが問題となっています。社会保障制度だけで目標を満たされないことは明白なだけに，「互助」であるボランティアや住民主体の活動などに加え，介護保険外サービスを買う「自助」を持って地域を覚醒していかなければなければならないと考えます。これまでの自費1割：公費9割でのという介護保険制度では，地域包括ケアシステムの隙間は埋められないのです。

　しかし，私が今回，介護保険外サービスの取材を進めていくと，「ここだからできること」「今だからできること」「このメンバーだからできること」という個性が浮き彫りになるばかりでした。そして，私が苦悶したのは「本当に全国に，しかもこの先10年での導入を目指す介護事業所のすべてに参考となる事例としては理想が高すぎはしないだろうか」「他に汎用性のある事例の方が優しいのではないか」ということであり，もっと多様な導入事例が必要だと感じています。

　総じて，介護保険外サービス導入にあたって，取り組むべき要件は3つあります。

（1）利用者の本音

　今の利用者，将来の利用者の中から，どのように要望の本音を引き出していけばいいのでしょうか。「消費者のニーズと向き合い，寄り添ってサービスを企画する」という一見当たり前のことを具体化するためには，「オリンピア」の社会福祉法人としての「地域共生社会の推進事例」が参考になりました。しかし，実際に「満足ですか？」「どんなサービスがあったらうれしいですか？」と尋ねても，「今の介護保険サービスで十分満足している」という声がほとんどだということでした。もう少し深く聞くと，「1割負担でも結構大変」「お任せしているから料金はあまり気にしていない」「他のサービスはどんなものがあるか知らない」などの家族の声も上がってきました。

　認知症や身体機能の低下によりコミュニケーションが難しい人，独居が長い人の潜在ニーズも考えてみてはどうでしょうか。何となく発された言葉や目線の先にあるもの，テレビを見ての反応などから「本当は○○したい（してほしい）」を察したり，利用者生活歴をアセスメントしたり，いろんな素案を練ってみたりしてみることも大事です。そして，地域のケアマネジャーや地域包括支援センターに対して，「こういうアイデアは地域の住民や利用者にウケますかね？」と素直に相談してみる

ことも大事です。その結果，「外にご飯を食べに行きたい」「冬物をしまって夏物を出してほしい」「呼んだらすぐ来てほしい」「ずっといてとは言わないが1日に数十分来てほしい」といった要望が見えてきたら，それらをどのようにかなえていくか，サービス化していくかを熟考するのです。

写真●研修教材のミッケルアート

それは高齢者だけでなく障害者も支援対象に広げ，サービスだけでなく，実際の不動産の空き店舗や，介護福祉とは関係ないであろう産業や専門職も含めて熟考し，オリンピアが取り組もうとする「地域共生社会づくり」が改正社会福祉法に求められている「地域の公益的な取り組み」にもつながっていくと思われます。それは社会福祉法人という法人枠に限ったことではなく，その他団体やNPO法人，さらには営利法人にも少なからず影響は広がっていくことでしょう。その影響こそから，ますます「保険外サービス」は周知されていくと思っています。

（2）連携

「自社の立ち位置と役割は何なのか」を再考してください。そして，自社でできない要望を利用者から聞いた場合，「地域のどこの誰にお願いして，どのように利用するのか？」それとも，「その要望をかなえるために自社で始めるべきなのか？」を考えてみましょう。単独でやろうとせず，どこの誰と組むか，何を協力し合うか，という視点が必要です。

例えば，今回紹介した事例では次のような連携がありました。
・ホスピタリティワン・キャンナス＋地域の訪問看護事業者＋医療機関
・やさしい手＋セコム　　・オリンピア・La miyabi＋地域商店街・商材の提供者
・デイサービスラスベガス・ホコル＋自立高齢者（通所介護卒業者）
・早稲田イーライフ＋（旅行＋趣味＋相続＋家事＋……等）

さらに，ダスキンホームインステッドでは，生活支援のスタッフに認知症ケア研修を実施し，スタッフ教育に注力することで「人」の価値を高め，「価格が高くても満足してもらえる」サービスを目指しています。ここで使用されている研修教材のミッケルアート（**写真**）は，私も現場で体験してみましたが，とにかく楽しいの

です。回想法とアートの融合です。ちなみにミッケルアートの画材は2,000種類準備されていますので，飽きることはありません。懐かしさと絵の美しさを楽しむことが何よりも介護の予防や認知症の進行を抑制することでしょう。

（3）値決め

　介護保険外サービスを世に出す前に，自社としての「値決め」をしなければなりません。料金を安くして利益が少なくても大量に売ると人件費が膨らむ。かといって，高価にして少量の販売でも利益を上げることができるのか。当たり前な発想でありながら，いつの間にかルーチンワーク化していき，「だいたいこれくらいが相場だろう」という曖昧な基準で決定してしまう自分に気づかないものなのです。

　そうなると，利用者の希望やコスト，卸値などを真剣に気にしなくなってしまいます。その結果，利用者からも，職員からも求められない商品サービスになってしまい，やめてしまうケースがこれまでいかに多かったことでしょうか。

　次に，原価計算の例を紹介します。

例）1時間当たりの原価（年間合計経費を365日で除して，営業時間で按分する場合）

人件費	1,200円	交通費	200円		
家賃	500円	消耗品費	100円		
光熱費	200円	保険等他	500円	計	2,700円

　まだ漏れているものがあるかもしれませんが，これだけでも原価は2,700円です。これに卸価を決めて売価を検討すると，売価は3,500〜4,000円になってしまうのです。卸価で販売して「利益が出ない」ということがないように，慎重に検討してください。

　そして，介護保険外サービスの導入に当たり補足としてお伝えしたいことがあります。それは，現代にあふれる「キーワード」を新鮮な状態で仕入れ，本物を見抜く「目利き力」を持つことです。流行に乗れというわけではありませんが，介護医療の専門誌や一般紙，雑誌，テレビニュースやネット，SNSからのワードを100個並べてみてください。そこからつないで，サービス化のヒントにするのです。

　例えば，次のような視点で考えてみてはどうでしょうか。

・「○○王子」→介護王子はないけど「介護男子」は厚生労働省の会でも議事に上がっているらしいね。
・「104歳で麻雀通いのスエコさん」→麻雀好きが長生きや認知症予防の秘訣かな？
・「行列のできる○○」→行列のできるケアプランセンターなんてないのかな？

・タクシー業界の革命「uber（タクシー配車アプリ）」→これって訪問介護のヘルパーさんに応用できないかな。
・民泊「airbnb（宿泊検索サービス）」→民泊を使って，ショートステイでも，お泊まりデイサービスでも手を差し伸べられず，困っている住民・家族を助けられないかな。

　本書が出版される頃には，もう新しい情報が生まれていることでしょう。それだけ介護保険外サービスは可能性が無限にあるのです。

　平成27年2月に発足した厚生労働大臣の私的懇談会「保健医療2035」の第一回シンポジウムが夏の終わりに開催されました。介護事業経営の視点は，すでに平成37年の先を見据えていかなければなりません。

　介護は，ますます「医療」「地域」「保健」「行政」を支えるための，縁の下の力持ち，影の功労の意味合いの強さを増していきます。そのためにも私たち介護経営者は，地域の介護事業所と利用者を奪い合いしないような棲み分けを常に考えていく必要があります。そして，これまではライバル関係にあった介護事業所同士による「介介連携」という視点も重要です。今までは考えもしなかったかもしれませんが，近所の訪問介護，通所介護などとの連携を踏まえ，「押し攻める」ばかりの経営戦略から，「引き守る」経営戦略へのシフトも検討するべきではないでしょうか。

　つまり，自分たちの今の足元を凝視しつつ，見えないはずの「100年後の日本の未来」をプロの介護職人として，数字を使って具体的に描きつつ考えてみるのです。自社の介護保険外サービスは「何のために」提供するのか，「誰を幸せに」するのかを十分に検討し，「理念と思い」「法のバランス」を職員に徹底することが重要です。それらすべてを満たしてこそ，介護保険外サービスが成り立つということを心に留めておいてください。それが私たちの100年後の日本への約束なのです。

プロフィール
株式会社ヘルプズ・アンド・カンパニー代表取締役。
1966年熊本生まれ。1991年人材派遣（株）パソナ入社。新人キャンペーンで全国3位になったが，その後，倉庫管理と配送業務係に異動。そこで，商品ファイリング管理を改善，実力発揮。しかし，「人」の成長にかかわる仕事がしたいと退職。渡米。1994年有償ボランティア講師として，アラスカ大学で1年半，オクラホマ大学で2年。1998年米国ディズニーワールドウェディング指定衣裳室（WATABE U.S.A）の店長着任。スタッフのバックアップのおかげで年間200万ドル売り上げの賑わう店内になる。36歳，「今だからできる家族孝行」「将来の日本のために今だから自分のできること」を思い帰国。2004年（株）コムスンに入社。在宅現場から社内諸問題解決のための面談や外部クレーム処理，債権回収，行政対応強化と後任育成に取り組む。「人の3倍働くこと」しかないと思い，2年間1日15時間以上介護の現場と本部の直行直帰の生活を続ける。上司の推薦で統括責任者に抜擢。10店舗から120店舗マネジメントへ。2006年間総実績で全国1位の統括部になり，環状関西副支社長昇進。その後，キャリアの経験を活かし，介護の諸問題を解決する手法を体系化。2010年現職に至る。「介護福祉事業の運営リスク特化型のコンサルティング事業」創設。現在兼務として介護事業経営研究会CMASスペシャリスト，（社）介護経営研究会CSR顧問，（社）日本介護協会理事，（社）きらめき認知症トレーナー協会EXトレーナー（日英両語）を兼務。介護専門誌の枠を超えて，地域紙，企業誌への寄稿，連載多数。

「介護保険外サービス」実践編

　事例9～14は，実際に介護保険外サービスを運営している経営者からの寄稿になります。どのような視点で介護保険外サービス事業をスタートし，運営しているかが参考になります。

実践編　事例9　株式会社はっぴ～ライフ「3RD Place」

機能訓練とフィットネスを組み合わせたリハビリ提供

株式会社はっぴ～ライフ 代表取締役社長　辻川泰史

> **小濱Eyes**
>
> 　フィットネスジムの運営は誰でもできるものではありません。しかし，それを実際に運営することで，介護保険サービスの新規利用者と職員の確保につながっていくという発想は新鮮です。そして通所介護の機能訓練とフィットネスは非常に類似している部分もあります。このあたりの展開は，さらに多方面に発展する可能性も秘めています。

施設概要

サービス名	フィットネス
住所	〒180-0006　東京都武蔵野市中町1－5－8－B1
電話番号	0422－60－2286
ホームページ	http://www.bodymakestudio.com/
サービスの種類	フィットネスジム
営業時間	10：30～21：30
営業日	年中無休
配置職員数	10人
利用料金	フルタイム12,000円，レディス会員10,500円，シニア会員7,000円
開設日	平成26年10月6日
一日の利用状況	約40人
広告宣伝の方法	ホームページ
収益の状況	1年で損益分岐点を超えた
主な利用者の構成	20～40代の男女，シニア会員

●地域コミュニティの中核となる事業の創出

　介護事業者の大半は中小企業です。そういった小規模，地域密着経営の事業者が医療と連携したり，認知症ケアを中心としたサービスに取り組んだりすることは重要です。

しかし，資金的にも人材的にも難しいという現実もあります。そういったことを模索しているうちに時間だけが過ぎ，大きな改革などができないということもあります。労働人口は減少し，介護を必要とする高齢者は増加していきます。そういった社会の中で介護事業を継続していくためには，人材を獲得する方法を持つことと，介護保険外の新しいサービスに取り組むことが重要です。

　また，人材獲得の方法も，単にハローワークや求人サイトに依存した従来の方法だけではなく，他にも獲得方法を持つ取り組みが必要です。そして，介護保険外サービスに関しても，現状の介護サービスの延長線上にあるもの，同時に現状のスタッフに負担が少なく，費用的にも大きくない事業を行うことが重要です。

　その一つが，地域コミュニティの中核となる事業です。都市部や地方では必要とされるニーズや適正なものは変容します。例えば地方であれば，人が集う場があまりありません。人が集う場には情報があふれます。そのような場を自社で用意すればよいのです。また，地方では何か習い事のようなことをしたいと思っていても，その場がありません。ただの勉強会ではなく，カルチャーセンター，サークルのようなものがよいでしょう。

●介護事業との相乗効果を生み出すフィットネスジム

　都市部での介護保険外サービスについて，当社の事例を紹介します。「3RD Place」を運営する株式会社はっぴ〜ライフは東京都武蔵野市吉祥寺という場所にあります。同業者も多く，5，6年前に比べると人材の獲得，利用者の獲得も厳しくなり，従来の方法のままだと経営が厳しくなると感じました。そこで，新規事業として介護保険外サービスとなるフィットネスジムを平成26年10月にオープンしました。

　介護事業者が経営するフィットネスジムといえば，リハビリ特化型で高齢者を専門とするようなイメージがあるのではないでしょうか。しかし，当社が経営するジムは違います。主なメニューはキックボクササイズ，ファンクショナルトレーニング，ヨガといった20〜30代をターゲットにしたジムです。一見，ただの他業種への参入と思われるかもしれません。

　構想にあったのは介護事業との相乗効果です。では，実際にどういった相乗効果があるかというと，先に述べた「人材の獲得」と「利用者の獲得」の2点です。では，なぜ，フィットネスジムの経営に人材や利用者獲得の可能性があるのでしょうか。そこには2つの理由があります。

（1）トレーナーのマンパワーの活用

　トレーナーの世代は若い人材が多くいます。そして対人援助という視点は介護と

主なメニューはキックボクササイズ，ファンクショナルトレーニング，ヨガ

変わりません。彼らは自らのトレーニング指導の幅を広げたいという意識を持っているので，日によって介護の職に就くことにも抵抗のない人材が多いのです。

また，機能訓練などの知識はあり，個別機能訓練加算を算定するための資格を保持していないだけで，一般の人向けのトレーニングを高齢者用にアレンジするということにおいての知識は豊富です。このような人材が機能訓練指導を行う看護師などと連携を図り，機能訓練の構築を行うことで利用者の満足，効果も向上します。

同時に，フィットネスジムの会員の中で介護の仕事に関心を持っている人もいます。そういった会員の中からの人材登用も可能になります。

(2) 会員家族などからの介護相談

フィットネスジムは一般クラスだけでなくシニアクラスなどを設けることで，親の介護を行っている世代の会員も取り込んでいます。その会員に対して介護相談などを行うことが，利用者獲得のチャネル拡大にもつながります。

加えて介護事業担当の職員が無料でジムに通えるというES向上（従業員満足）にもつながります。ストレスの改善や職員同士が一緒に身体を動かすことによる一体感も生まれます。また，フィットネスジムの経営は，介護事業経営と通じている点があります。特にクラス編成に関して，内容の決定，会員のニーズの把握などは，介護事業でも行っているレクリエーション，イベントなどの運営方法と非常に似ています。そのため，フィットネスジムの経営には，介護事業経営のノウハウが転用しやすいものと考えています。

高校3年よりボランティアを始め，福祉業界を志す。1996年日本福祉教育専門学校健康福祉学科に入学し，1998年同校卒業。卒業後，老人ホーム，在宅介護会社勤務を経て，2002年に有限会社はっぴーライフを設立し代表取締役に就任（2005年に株式会社化）。2008年株式会社エイチエルを設立し代表取締役に就任。テレビ朝日「朝まで生テレビ！」，TBS「みのもんたのサタデーずばっと」，NHK「おはよう日本」，東京MX「東京からはじめよう」，テレビ東京「NEWS FINE」などに出演。主な著書に『福祉の仕事を人生に活かす！』（中央法規出版），『10年後を後悔しない20の言葉』（講談社）。

実践編 事例10 特定非営利活動法人 日本トラベルヘルパー協会「トラベルヘルパー」

トラベルヘルパーの育成

特定非営利活動法人 日本トラベルヘルパー協会 理事 山村由美子

> **小濱Eyes**
>
> 民間資格であるトラベルヘルパーは,今最も注目されている資格でもあります。個人資格ですが,介護保険事業者がトラベルヘルパーを業として取り組む余地は十分にあります。要介護状態になっても,夢が実現できる素晴らしさは何事にも代えがたいのではないでしょうか。

概要

サービス名	トラベルヘルパー（外出支援専門員）の育成と事業化支援
住所	〒150-0036　東京都渋谷区南平台町6番11号　ジョイヒルズ4階
電話番号	03-6415-6688
ホームページ	http://www.travelhelper.jp/
サービスの種類	社員研修,外出支援サービスの事業化コンサルティング
営業時間	9:00～18:00
営業日	年中無休
配置職員数	4人
利用料金	15,000円（税別）より
開設日	2006年2月
一日の利用状況	―
広告宣伝の方法	クロスメディア
収益の状況	非公開
主な利用者の構成	介護福祉の資格を持つ個人,法人・団体等の介護事業者,観光・旅行関連会社

● トラベルヘルパー協会とは

　健康に不安のある人や身体が不自由な人たちが抱くもっとも大きなニーズである「外出」,つまり「交流」や「社会参加」を支える人材「トラベルヘルパー（外出支援専門員）」の育成を目的として活動している団体です。

　育成内容は,1990年代初頭に理事長の篠塚恭一が始めた,高齢者を対象にした介護付き旅行と併せて行った,観光分野で働く人を対象とした専門教育がベースと

なっています。「屋根のないところの介護教育」がなかった時代に，平成7年から主催していた「株式会社エス・ピー・アイの介護旅行」を通して培った実践的な内容をプログラムに盛り込んでいます。現場に即した内容と評価していただけるようになり，現在トラベルヘルパー養成講座の受講者は780人を超えました。受講後のスキルを生かし，全国で活躍する人が増えています。

　私たちは，要介護高齢者が生活の一部に外出予定や旅の計画を入れることで，生きがいを感じ，生活に張りを覚え，嫌がっていたリハビリに前向きに取り組むようになるなど，行動が変化したという事例を多数経験してきました。そうした経験を数値に置き換え，身体に不自由が生じても，目標を持つことで前向きな気持ちを保ち，生活行動が変わり，筋力や認知力が向上するなど，高齢でも健康が持続できることを科学的に証明することにも取り組んでおります。

　また，トラベルヘルパーに対するニーズは年々高まっており，潜在需要も大きいことを実感しています。トラベルヘルパーの労働環境を整え，安心して仕事ができる体制を整えることや，より質の高いサービスの提供を目指す上で，支える側にも，ホスピタリティ精神の重要性を訴えていく方針で活動しています。

●トラベルヘルパー協会の活動概要
①トラベルヘルパー養成講座，実技研修（演習），各種勉強会，資格検定の実施
②介護予防，認知力向上セミナー，健康長寿のまちづくり活動に関するシニア向け教室の実施
③外出支援に関する調査研究，活動の普及啓発のための講演会，セミナー，シンポジウムの実施
④トラベルヘルパーの起業，就労支援，保険補償など就労環境等の整備に関する活動
⑤災害時等における，トラベルヘルパー活動の支援　他

●トラベルヘルパーとは
　トラベルヘルパーは，国内旅行，海外旅行，お墓参り，孫の結婚式，郷里の同窓会への参加など，短時間から宿泊を伴うものまでさまざまな外出を支援する専門家です。介護保険制度がカバーできない外出や旅行を，介護と旅の知識とスキルを身につけサポートする人材とも考えられており，「介護保険外サービス」の一つとして注目され始めました。

　平成28年3月，経済産業省は公的保険外の介護サービスの活用を図るため「地域包括ケアシステム構築に向けた公的介護保険外サービスの参考事例集（保険外サービス活用ガイドブック）」（**図1** P.48参照）を厚生労働省，農林水産省との連名

で策定しましたが，このp74, p75に「トラベルヘルパー」が付き添う介護旅行サービス」として紹介されています。また，トラベルヘルパーという名称は，介護の書籍や学校の教材にも職業として記されています。学研教育出版の小学生向け教材（全6巻）「みんなのユニバーサルデザイン」シリーズ第5巻の8ページには「トラベルヘルパーがいればどこへでもいける」として紹介されました[1]。

● トラベルヘルパーの業務

トラベルヘルパーは，介護技術と旅の業務知識をそなえた「外出支援」の専門家です。身体に不自由のある人や健康に不安がある人の希望に応じて，お墓参り，買い物などの外出から介護旅行まで，暮らしの外出に関わるすべての支援サービスを行います。基本的に一対一のサービスで，利用者に寄り添い深く関わるパーソナルケアが業務となります。

例えば，介護旅行は，季節や天候など変化する旅先の環境に応じたサービスですので，利用者の体調とともに旅先での臨機応変な判断が求められ，人・モノ・お金もあわせてケアをします。宿泊施設までの送迎の手伝い，移動の介助，宿での入浴や排せつの介助，食事の世話などの日常生活ケアとともに，添乗員の業務も総合的に行います。

また，事前の旅行相談を受け，計画を立て，交通や宿の手配などを行います。利用者の代理人として，身体状況に無理のない工程をアドバイスし，インフラの確認や訪問先との調整など入念な事前準備を済ませます。障害や病気のある人の場合は，介護・医療用品のレンタル手配なども行います。

● トラベルヘルパーの期待効果

行きたい所へ出かけたい，大きな楽しみの一つである旅行へ出かけたいという希望が，加齢による虚弱や，身体が不自由になったことで「迷惑をかけるから」と諦めて家に閉じこもっていたら，生きる希望を失い，リハビリも痛いだけでやる気にならないでしょう。「旅行に行く」「お出かけする」という目的に向かったリハビリであれば，意欲的になり効果も全く違ったものになります。自己実現を果たされた実例（**写真**）をご紹介します。

● トラベルヘルパー養成講座について

トラベルヘルパー養成講座には，3級，準2級，2級，1級と4つの資格があります。（**表**）

〈3級〉

身近な方のお出かけや公共交通を利用した外出の際に家族として，またボラン

日本トラベルヘルパー協会では，行きたい所へ車いすで行ける方法を導きだすという柔軟な発想で対応し，さまざまなご要望にお応えしています。

お墓参り

お買いもの

孫の結婚式に出席

温泉巡りの露天風呂に入浴

温泉に浸かりながらお酒を楽しむ

行ってみたかった砂丘を楽しむ

ティアとして困ることのないように，外出支援や介護旅行に必要な知識を自宅で学習する基礎コースです。課題提出と検定試験があります。

〈準2級〉

要介護者に対し日帰り旅行や外出支援を提供することを目的としています。**介護や看護のスキルを持っている人**が，さらに外出や旅行の際に必要な知識と技能を学

表●トラベルヘルパー養成講座の内容

NPO日本トラベルヘルパー協会ホームページから申し込めます。
http://www.travelhelper.jp/

トラベルヘルパー認定資格	3級	準2級（J2）	2級	コーディネイト技法 ※1級
受講資格・条件	誰でも	医療・介護・福祉系資格取得者または取得見込者（初任者研修以上を目安），トラベルヘルパー3級（受講中含む）	医療・介護・福祉系資格取得者または取得見込者（初任者研修以上を目安），トラベルヘルパー準2級（受講中含む）	医療・介護・福祉を学んだ20歳以上の方で外出支援アドバイザーになりたい方。※トラベルヘルパー2級の人は1級の認定講座となる
どんな方にオススメか	身近な方の外出の際，より充実した介助ができることを目的に外出支援や介護旅行に必要な基本的知識を学習するコースです。	外出支援・日帰りの介護旅行サービスを提供することを目的に，外出支援や介護旅行に必要な知識と技能を学習するコースです。※トラベルヘルパーとして外出・日帰りサービスの仕事をしたい方向け	プロとして介護旅行サービスを提供することを目的に，外出支援や介護旅行に必要な知識と技能を総合的に学習するコースです。※トラベルヘルパーとして宿泊を伴う介護旅行サービスの仕事をしたい方向け	コーディネイト技法の習得を目的に，医療介護福祉のお仕事をしている方，介護旅行への理解を深めたい方，生活支援サービス提供者等に向けた，外出支援アドバイザーを目指すコースです。
受講内容	通信教育（課題＆検定試験）	通信教育（課題）実地研修（日帰り2日間）試験（筆記，面接，実技）	通信教育（課題）実地研修（2泊3日研修）試験（筆記）	通信教育（実地研修後の課題）実地研修（スクーリング）
受講料	15,000円（税別）	79,900円（税別）※3級の内容も含む	179,000円（税別）※3級・準2級の内容も含む	55,000円（税別）
受講期間	トラベルヘルパー養成講座受講開始日から1年以内			研修修了後1カ月

習するコースです．課題提出，日帰り研修，試験会場にて検定試験などがあります．

〈2級〉

　航空機，船舶，新幹線などの中・長距離交通機関も利用し，ホテルや温泉旅館などでの**宿泊を伴う**国内・海外の周遊型旅行を想定した**介護旅行のサービス知識と技能を総合的に学習する**プロコースです．課題提出，2泊3日の宿泊研修，試験会場にて検定試験があります．準2級研修の修了者が対象です．

コーディネイト技法〈1級〉

　身体の不自由な方の外出支援・バリアフリー旅行などに関する相談に応じ，コーディネイト技法を習得することを目的としています．医療・介護・福祉を学んだ方で，外出支援アドバイザーになりたい方向けのコースです．2日間のスクーリング研修と課題提出があります．

●トラベルヘルパーの受講者について

　受講希望者は，現在介護の仕事をしている人，家族の介護を経験した人，定年退職後の人，独立開業したい人など，介護・福祉サービスに対して前向きな人たちば

トラベルヘルパーの受講後のアンケートから「移動介助のスキルが高まった」「日頃のケアや施設介護の業務においても役立つ内容が多かった」いう声が多く寄せられています。

日帰り研修の様子（左上から：入浴介助，歩道橋の階段，線路，左下から：人ごみ，記念撮影，雪道）

かりです。社会の第一線からリタイア後の人の中には，自ら地域の課題を解決しようという気概あふれる人も多くいます。

　また，介護の仕事をしている人の志望理由は，公的介護保険ではサービスに制限があり，利用者の希望に対して「してあげたいけれどできない」ということが多々あること，つまり現場の矛盾やもどかしさを感じているということです。特に身体的に障害がある要介護者に対しては，QOLを高めるための関わりや心のケアが二の次になる傾向があるため，制度は制度として受け止めつつ，利用者の生きがいを支えるにはどうすればよいのか，その方法を求めて説明会に参加している人が多くなっています。

まとめ―公的制度と民間サービスの総和で地域力アップ―

　世界中の先進国で日本が初めて経験する社会構造の変化と向き合い，私たちは新たな生活様式を創造する必要があります。高齢者に対するさまざまなサービスのニーズは，生活サービス産業として裾野が広く，定年を迎えた人や子育て中の人など新しい雇用の担い手も創出します。むしろ，そういう人たちが中心になって支える新しい仕事でもあります。

また，社会参加の持続は，介護予防や認知力向上を図る取り組みとして欠かせません。当NPOでは「ボケない脳は旅で鍛える」という総合旅行教室や百歳元気の健康増進プログラム「百寿教室」など，健康長寿社会の実現に向けたさまざまな活動を行っております。国策である「地域包括ケアシステム」を勧めていく中でも，公的制度とトラベルヘルパーのような民間サービスとの総和が地域力を上げることになると考えています。

　トラベルヘルパーについて学びたい，働きたい，当協会でともに活動していきたい人たちの参加をお待ちしています。

引用・参考文献
1) 川内美彦：みんなのユニバーサルデザイン第5巻，学研教育出版，2013.
2) 大田仁史・三好春樹：完全図解　新しい介護　全面改訂版，講談社，2014.
3) 村上龍：55歳からのハローワーク，幻冬舎，2012.
4) 篠塚恭一：介護旅行にでかけませんか　トラベルヘルパーがおしえる旅の夢のかなえかた，講談社，2011.
5) 月刊介護保険，街へ出よう！，NPO法人日本トラベルヘルパー協会理事長篠塚恭一，法研，2013年4月から連載.

積水ハウス株式会社　医療・介護推進事業部　課長
　建築業界から介護業界に転職し，老人ホーム，通所・重度訪問介護などの現場でケアスタッフや相談員として勤務後その経験を活かし再度建築業界に戻り現職に至る。高齢者住宅や介護・福祉施設の開設において多数の実績あり。

特定非営利活動法人　日本トラベルヘルパー協会　理事
　トラベルヘルパー協会の取り組みに賛同し協会設立前から連携している。実父が認知症で要介護状態になり10年以上自宅で介護し看取った経験がある。身体機能も低下し無表情になった父を温泉旅行に連れ出した時，笑顔が戻った体験から旅は心と身体のリハビリになると実感し，その普及に向けて活動をしている。
資格など：社会福祉士／保健医療学修士／介護認定審査会委員ほか

実践編　事例11　株式会社マザーライク「フットケアサービス」

フットケアサービスの取り組み
～介護・看護視点で足にフォーカス～

株式会社マザーライク　代表取締役　木村　淳

> **小濱Eyes**
>
> 　訪問看護ステーションが介護保険外サービスを行うという発想は，なかなかありませんでした。そして60分6,000円という料金設定で，毎月第1土曜日に提供しているフットケアサービスは予約で満杯という状況です。その集客は，タウン誌やチラシが中心であるという事実。木村淳社長にお聞きした，「高齢者はインターネットをほとんど使わない。やはり紙である」という情報は，目からうろこでした。

施設概要

サービス名	マザーライク・フットケア・サービス（MFS）	マザーライク フットケアセンター山形
住所	〒232-0052　神奈川県横浜市南区井土ヶ谷中町44－3－102	〒990-0067　山形県山形市花楯1－2－12　ロイヤルビル1階
電話番号	045－730－6520	023－674－0391
ホームページ	http://www.motherlike.co.jp	http://www.motherlike.co.jp
サービスの種類	フットケア（足浴・爪切り・角質ケア・保湿ケアなど）	フットケア，足測定，足の悩み相談，巻き爪美容矯正，健康靴，健康靴下，インソール，足の大切さ講座
営業時間	10：00～16：00	10：00～19：00
営業日	毎月第1土曜日（原則）	日曜日～金曜日（定休日：土曜日他）
配置職員数	3人（看護師）	3人（介護福祉士，看護師）
利用料金	ベーシックコースの場合：60分程度6,000円（税別）	普通爪切り：1回1,500円～トータルフットケアの場合：80分程度8,000円（税別）
開設日	平成27年10月3日	平成28年3月6日
一日の利用状況	4～6人程度	3～8人程度
広告宣伝の方法	リーフレット，チラシ，タウン誌，ポスター，Facebookなど	リーフレット，フリーペーパー，テレビ，Facebook，スマホアプリなど
収益の状況	月5万～10万円程度の売り上げ（開設から8カ月）	月50万～100万円程度の売り上げ（開設から3カ月）
主な利用者の構成	高齢者を中心に若い女性も利用	赤ちゃんから高齢者まで幅広い利用者

● 株式会社マザーライクの運営方針

　株式会社マザーライクは，神奈川県横浜市内の2拠点で居宅介護支援，訪問介護，訪問看護による在宅介護サービスを提供しています。会社として身体介護重視の方向性を明確に打ち出すことによって，介護職員の意識改革，質の向上などを図り，在宅介護サービス事業者としての力量を上げることに取り組んできました。

● フットケア事業に取り組んだきっかけ

　当社では，介護保険制度への依存度を抑えてリスク分散をするために，介護保険外サービスの取り組みを模索してきました。そして注目したのが，第二の心臓といわれる「足」です。

　「いつまでも自分の足で歩きたい」と誰もが願うものの，足，趾（ゆび），爪などの変形や痛み，むくみなどが原因で靴が履けなくなる。その結果，それまで日課としていた散歩ができなくなるなどによって外出の機会が減り，ADLやQOLの低下につながることが少なくありません。そこで，「足のトラブルを解決して，自分の足で歩く歓びを取り戻すこと」「健康な足を維持するために適切なケアを施すこと」「適切な歩き方の指導や靴等の提供をすること」によって，末永く自分の足で歩き続けることができる。さらには要支援・要介護状態にならずに健康寿命を延ばすことにもつながると考え，介護事業者である当社がフットケアに本気で取り組む意義が大いにあると確信しました。

● フットケアチームの誕生。そして「足カフェ®」へ

　当社の足好きな看護師と介護職が，足について学び，フットケア演習などを行うフットケア勉強会（「マザーライクフットケア」チーム：MFT）の活動を自主的に始めたことが，当社におけるフットケアサービスの推進エンジンとなりました（**写真1**）。

　「足が痛くて靴が履けない，だから外に行きたくない」と訴える要介護者に対し，看護と介護の連携・協働で介護保険を利用してフットケアサービスを実施した結果，痛みが改善し，靴が履けるようになり外出する機会が増えたという実践例があります。今後急増していく在宅要介護者に適切なフットケアサービスを提供するには，看護師だけではなく，日常的に利用者の生活を支え，身体状況の変化に気づく機会の多い介護職の力が欠かせません。そのため，マザーライクフットケアチームの活動は「足カフェ®」と名称を変更し，足に興味がある地域の介護職に声をかけて，勉強会を開催しています（**写真2**）。

● マザーライクフットケアサービスのスタート

　マザーライクフットケアチームおよび「足カフェ®」の活動を続ける中，介護保険だけではフットケアサービスの提供に限界があると感じました。そこで，平成

写真1 ●MFT勉強会

写真2 ●足カフェ®

写真3 ●MFSメンバー

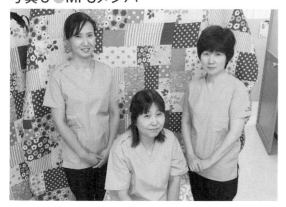

　27年10月から毎月1回，当社の介護サービス利用者とその介護者を主たる対象とするトータルフットケアを「介護保険外サービス」として提供する「マザーライクフットケアサービス：MFS」をスタートさせました。
　現在フットケアサービスは，マザーライク訪問看護ステーションに所属する看護師のうち3人が担当しています（**写真3**）。サービス担当の看護師は，「フットケアを実践するには，看護師が知識と技術をしっかりと身につけていることが基本であり，それでこそ足のトラブルを解決して，健康な足を維持することができる」と考えています。

●フットケアセンター山形の開設

　マザーライクフットケアチーム（横浜）の活動のきっかけともなったフットケア勉強会に山形から招いた講師が，「赤ちゃんから高齢者まで，足・靴のお悩みなら何でも相談に乗ることができるサービス拠点をつくりたい！」と熱く語る強い思いに共感し，山形でのフットケアサービスの拠点を開設する決断をしました。
　マザーライクフットケアセンター山形は，開設準備に4カ月をかけ，介護保険外事業に特化した拠点として平成28年3月にスタートを切りました（**写真4, 5**）。同センターでは，足裏測定器を使って足をチェックし，自分の足の状態・特徴を把握しながら，普段からどこに気を付ければよいのか，どんなケアをすればよいのかなどの専門的なアドバイスが受けられるほか，コンフォートソックス，コンフォートシューズ，インソールなど，足に関するさまざまな商品の提供を行っています（**写真6**）。
　センター内には専用のフットケアスペースを設置し，トータルフットケアを完

写真4 ●フットケアセンター山形外観

写真5 ●フットケアセンター山形メンバー

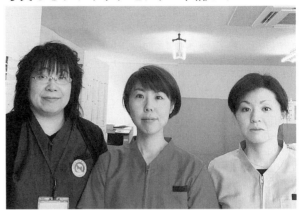

写真6 ●物販

写真7 ●フットケアスペース

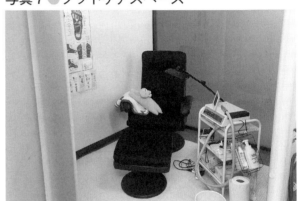

予約制で提供しています（**写真7**）。また訪問フットケアサービスや，介護施設単位での出張サービスにも対応しています。

● 高齢者におけるフットケア事業のマーケット

　高齢者におけるフットケア事業のマーケットサイズを，当社の訪問看護利用者から推定してみました。平成28年3月現在，当社訪問看護ステーションの利用者のうち，足に何らかのトラブルを抱えている利用者は78％でした。そして，そのうちの66％に腰痛・視力低下による爪切り困難，糖尿病，白癬，腎疾患などでの足・爪トラブルがあり，それらの問題を解決するために訪問看護サービスの中でフットケアを実施しています。

　第6期横浜市介護保険事業計画によると，平成28年度における横浜市の高齢者人口（65歳以上）は86万人であり，このうち在宅サービス利用者（グループホーム，特定施設除く）は88,523人，訪問看護の利用者は14,700人となっています。これに当社訪問看護ステーションの数値を当てはめてみると，訪問看護の利用者14,700人のうち11,466人が何らかの足のトラブルを抱えていることとなり，在宅サービス利用者8万8千人のうち，およそ6万人がフットケアの潜在顧客となる可能性が

あると考えています。

●フットケアサービスを実施するに当たっての課題

①マザーライクフットケアサービス：MFS（横浜）

　マンパワーの不足とフットケアスペースの確保が課題となっています。訪問看護ステーション所属の看護師がフットケアに当たっているため，人員基準と健康管理上の観点から，サービスの提供は，訪問看護ステーションの営業日ではない土曜日の月1回だけに限られている状況です。スタッフをどう効率よく割り当てし，今後どのタイミングで増員するかが課題です。

②山形県山形市におけるフットケアセンター山形

　フットケア事業のビジネスモデル確立を目指しています。スタートして間もないため，まずは各事業の基盤をしっかり確立させ，安定的に期間利益を出すことができるベースの構築に取り組むことが重要だと考えます。

③フットケアサービス：MFS（横浜）とフットケアセンター山形の共通課題

　共通課題は料金設定です。フットケアサービスの料金は内容によって異なりますが，10分千円程度の設定であり，介護保険における訪問介護の身体介護や訪問看護の介護報酬には及びません。介護保険サービス利用者の獲得という副次効果を踏まえても，より効率的なフットケアを提供して利益率を高める努力が欠かせないと考えています。物販での利益に依存し過ぎることなく，適正利益を得られるようにしたいところです。

●今後の展望

　トータルフットケアのほか，フットケア関連イベント，健康教室，介護従事者向け研修，介護者向けセミナーなどの開催に加え，自治体が推進する介護予防事業と連携し，収益増を図ることを目標としています。そのために，横浜においては「都市型」モデルを，そして山形においては「地方型」モデルを構築して，他の地域に合った形での展開を目指しています。

　当社は今後とも，介護・看護視点で足にフォーカスして，フットケア事業を制度改正や報酬改定などの影響を受けない安定的な収益の柱として育てていきたいと考えています。

1960年北海道生まれ。北海学園大学法学部卒業。東京での17年間のゼネコン勤務を経て，平成10年に新潟市の商事会社へ転職。平成12年に介護事業部門へ異動。平成13年に社長就任。以来，福祉用具・居宅介護支援・訪問介護・訪問看護のほか，デイサービス・グループホーム・ショートステイ・小規模多機能などを展開し在宅事業の経営を経験。平成24年に株式会社マザーライクを設立し現在に至る。

実践編　事例12　コミュニティホーム長者の森「コミュニティサロン」

地域密着のコミュニティサロンの運営

コミュニティホーム長者の森　取締役　石原孝之

> **小濱Eyes**
>
> 通所介護や施設のスペースを利用した地域のコミュニティサロンの運営は、それ自体が利益を生まなくても、地域に密着するサービスを提供することで縁がつながり、ネットワークの輪が広がります。長者の森では、さらに朝市を運営することで、より一層地域に密着した取り組みとなっており、本来の事業にも必ずいい形で返ってくると確信します。

施設概要

サービス名	カフェコラレ・森de朝市・森のこかげ
住所	〒425-0071　静岡県焼津市三ヶ名558-4
電話番号	TEL　054-620-8114　　FAX　054-620-8078
ホームページ	http://choujanomori.com/
サービスの種類	地域の居場所カフェ、朝市、貸しスペース
営業時間	カフェコラレ＆森のこかげ　10：00～16：00 森de朝市　9：00～12：00
営業日	カフェコラレ＆森のこかげ　毎週日曜日 森de朝市　奇数月の第2日曜日
配置職員数	約15種類の軽食とコーヒー オープンスペース森のこかげは、お稽古教室参加費の2割
利用料金	カフェではコーヒー150円、ジュース100円。その他軽食やデザートあり。
開設日	平成27年5月31日
一日の利用状況	平均5組 朝市の時は20組。朝市出店数は33店舗
広告宣伝の方法	SNS（Facebookとアメブロ）、折り込みチラシ
収益の状況	数万円程度
主な利用者の構成	地域住民やグループホーム入居者、ショートステイのお客様、施設で働くスタッフ 認知症、障がい、シニア、子ども、子育てお母さんなど世代関係なく幅広い年代、特に女性客が多い

● 福祉の概念が変わろうとしている

　従来の福祉概念の垣根を超え，「富山型デイサービス*)」のような地域の課題がまるごと解消できるサービス事業所が全国各地で増えてきました。"世代間交流"はお互いにとって良い効果があるというのは皆さんもご存じだと思いますが，それは本来，古き良き時代にあった日本の姿です。

　今までは高齢者の介護施設，子どもたちの保育園または幼稚園といったように，それぞれのミッションを単体で行うことが当たり前でしたが，時代は変わろうとしています。

*) 年齢や障害の有無にかかわらず，誰もが一緒に身近な地域でデイサービスを受けられる場所，それが「富山型デイサービス」です（とやまの地域共生から抜粋）。
　ホームページ：toyama-kyosei.jp

● "0歳から100歳の共生型施設"のはずが……

　「コミュニティホーム長者の森」（以下，当施設）は，高齢者と子どもの共生施設として平成17年4月1日に開設しました。「地域に根づいた施設であれ」という創業者の石原卓治が育った地域での生き方や在り方に学び，地域で困っている介護の必要な高齢者と待機児童を解消する施設として10年が経ちました。

　当施設は高齢者と子どもの世代間交流が一番の魅力です。しかし施設を利用する高齢者，保育所の子どもはいるものの，その中間の世代が抜けていました。要するに施設を利用する人しか交流がないという事実に直面したのです。「0歳から100歳の共生施設」というキャッチフレーズを掲げながらも，小学生からシニア間の世代がいつでも来られる仕組みはありませんでした。

　家族の訪問，地域に向けた秋祭りやボランティア活動，学生の実習の受け入れ以外は施設関係者しか入ることのできない現実。「これで本当に地域密着の共生型施設と言えるだろうか？」「この施設を地域の人にも来てもらえる施設として開放したい。今後そのような場所は絶対に必要になってくる」ということをフツフツと思いながら，開設当初から経営しておりました。

● 白羽の矢が立った瞬間

　静岡県では「地域の居場所づくり」を推進しており，平成26年に静岡県社会福祉協議会が地域の居場所を開設する事業所の公募を行いました。当施設は早速応募し，同年12月に焼津市の人たちに向けて協力者を求めるプレゼンテーションを行うチャンスを得ました。

　私たちは地域の人たちへ居場所の理解を求め，店員として手伝ってくれるボランティアを募りました。自分たちだけでは数人しか見つけられなかったボランティア

写真1 ● カフェコラレのロゴマーク

でしたが，行政の後押しもあり，地元の公会堂で地域サロンを運営しているボランティアグループ「しおんの会」と出会うことができました。今思えば，この出会いがきっかけとなり，「何かやりたい。でも何をどう始めていいのかわからない」という不安を断ち切ってくれました。そして，しおんの会に強く背中を押されたことで，「まずやってみよう！」という思いへのターニングポイントを迎えたような気がします。

● 準備期間

約半年かけて，すでに開設されていた静岡県全域の居場所を視察し，各代表と意見交換をしてそれぞれの良さや特徴を分析していきました。すると，今ある既存の居場所は高齢者を対象としたものがほとんどだということがわかったため，当施設では幅広い年代の人が気軽に来ることのできるカフェスタイルを目指すこととなりました。

また，富山型デイサービスのような「地域で困っている人がいたら誰でも寄っておいで。困ったらいつでもいらっしゃい」という温かい思いを忘れることのないように，富山弁の「来られ」という言葉をイメージして名前を"カフェコラレ"に決定，ロゴマークは「来」という漢字の旧字体「來」を8つ重ね合わせたものにしました（**写真1**）。

そして，さまざまな試行錯誤の末，何とか平成27年5月31日（日）にグランドオープンできました。

● こだわりの「7つの秘密」

①デイサービス長者の森が休みとなる日曜日のデイルームを活用してコーヒーや軽食を提供する「カフェコラレ」（**写真2**）。

既存の通所介護のスペースを利用した二毛作スタイルのため，開設に当たり新しくハード（建物）を建てることなく経費を抑えることができました。不定期ですがケアマネジャーが事務所にいるため，ちょっとした介護相談も可能になりました。

②保育所もりのくまさんが休みとなる日曜日の保育室を活用し，地域の公民館での活動をモデルにした「森のこかげ」（**写真3**）。

ヨガ教室やアロマ教室，介護予防教室を開催しています。レッスン後は隣接するカフェコラレでお茶を飲みながら談笑することも可能です。

写真2 ●デイルームを活用したカフェコラレ

写真3 ●保育室を活用したオープンスペース「森のこかげ」

写真4 ●森de朝市

③奇数月の第2日曜日にカフェコラレの前にある駐車場を利用して「森de朝市」を開催（9時～12時）（**写真4**）。

　地元の個人商店や自宅で小物を手作りしている人，家庭で野菜栽培をしている人など，個々が集合することでマルシェのような会場になり，カフェコラレの存在が地域で知られるようになりました。個人商店，製造者，農家が直接お客さんと対面販売できる仕組みがとても喜ばれています。

④中庭を開放（**写真5**）。

　遊具やおもちゃを置き，夏は水プールを設置するなど，子どもたちが遊べる空間となっています。子ども連れの家族もゆっくりとくつろげます。夏場は水着を着て遊びに来る子どももいました。

⑤偶数月に介護のお役立ち講座，お茶＆みそまん講座，睡眠講座を開催。

　それぞれの分野の専門家にカフェ形式で講義を行ってもらうことで，ゆるい雰囲

写真5 ●中庭を開放

写真6 ●ボランティアの活躍場，カフェコラレ

気の中，談笑しながら豆知識をGETできます。

⑥地元の駄菓子屋さんと業務提携。

　在庫を持たずして駄菓子の販売拠点となることができました。ちょっとした買い物ができるため，高齢者にも子どもたちにも喜ばれています。

⑦無償ボランティアにカフェ店員を依頼。

　一般的にカフェの原価率は3割程度といわれていますが，当カフェでは5割で価格設定をし，低料金で商品を提供しています。それは，地域のシニア世代がボランティアで店員を引き受けてくれたため，実現できました。そして何よりもシニア世代の人たちが楽しみながら働いており，"やりがい""役割"や"地域貢献"が実感できる新しいコミュニティの場として注目されています（**写真6**）。

● これからの課題

　カフェコラレをオープンさせて1年が経ちました。はっきり言うとまだまだ収支的には見合っていないため，しっかりと収支を成り立たせ，継続可能な運営体制にすることが当面の課題となっています。いろいろと試している最中です。当たり前ですがどれが正解かはわかりません。まずは「継続すること」「磨きをかけること」が2年目の挑戦になりそうです。ゆっくりですが地域に根をはり，認知され，愛され，必要とされ，頼られ，癒される，そんな場所でありたいと思います。

　また，本業は介護施設と保育所の運営ですので，そこで行われている実際のサービス内容をカフェコラレを通じて知ってもらうことで，まだ出会っていない潜在顧客とのパイプラインの構築を目指しています。

　そして，協力者（パートナー）でもあるボランティアとの深い絆をつくり，常に感謝を言葉で伝えていくことが重要だと感じています。現在，森de朝市の出店者の登録数は50店舗，1回の朝市で33店舗の出店者がいます。この有志で運営委員を発足して，共に健全な朝市運営をしていきたいと考えています。

写真7 ● グループホーム入居者とスタッフが楽しんでいる様子

　地域を「巻き込む」という言葉はあまり好きではないので使いませんが，地域に「パートナーを増やす」という思いで地域のチカラを貸してもらいたいと思います。私たちはボランティアのことを「長者の森サポーターズ」と呼んでいます。シンプルに自分自身が楽しい！　また行きたい！　と思う感覚を大切にしています。最近では，地域の民生委員とグループホーム入居者，スタッフで一緒に畑仕事に取り組んでいます。心を込めて育てた野菜を味噌汁の具材や漬物にしたり，余ったら森de朝市に出店し売ります。森de朝市への出店は，地域の中に認知症の人がごく普通に溶け込むことを目的にしています。とにかく楽しみながらやることで，地域との連携や交流を自らで生み出しています。協力者を地域に増やすことで，知ってもらい理解してもらい協力してもらうという横のつながりを大切にしています。その大切なつながりをコミュニティホーム長者の森の経営に生かしていきたいと思います（**写真7**）。

プロフィール

1980年3月生まれ藤枝市出身。介護現場経験10年目。介護福祉士，介護支援専門員。コミュニティホーム長者の森取締役。焼津市キャラバンメイト会長。焼津市認知症対策連絡会委員。
コミュニティホーム長者の森平成17年4月1日開設
【介護部門】デイサービス長者の森，グループホーム長者の森，ショートステイ長者の森，ケアプラン長者の森
【保育部門】保育所もりのくまさん
【介護保険外事業】カフェコラレ，森のこかげ
　すべて同一建物内にあり，魚の町静岡県焼津市で0歳〜100歳の"ふじのくに型共生施設"を経営。一般向け介護セミナー，介護現場からみる認知症ケアの視点，看取るという選択肢，良い施設の選び方，時代が求める介護福祉士像，リーダーのあるべき姿，人材育成など講演経験あり。
Facebook　https://www.facebook.com/choujanomori/

実践編 事例13 有限会社メディカルマーチン「ケアトランポリン」

認知症ケアや機能訓練に有効なケアトランポリン

有限会社メディカルマーチン　代表　十川正啓

> **小濱Eyes**
> 　認知症ケアに有効なケアトランポリン。その存在は初めて聞きましたが，楽しくトレーニングができて，運動とともに認知症予防効果があるのは素晴らしいと思います。介護保険事業者は物販という行為にはあまり積極的ではありません。しかし，その考え方はもはや過去のものです。利用者への販売とともに，他の介護保険事業者や家族への販売というルートの開拓も大きな可能性を感じます。

施設概要

サービス名	ケアトランポリンの販売，レンタル
住所	〒283-0066　千葉県東金市南上宿4-9
電話番号	0475-53-2510
ホームページ	http://www.medicalmartin.com/
サービスの種類	販売，レンタル
営業時間	8：30～17：30
営業日	月曜日～金曜日　12月29日～1月3日は休日
配置職員数	2人
利用料金	ケアトランポリン販売158,000円，レンタル月6,000円
開設日	平成27年4月1日
一日の利用状況	施設50カ所（個人宅含む）に導入
広告宣伝の方法	展示会，イベント，新聞，チラシ，ホームページ等
収益の状況	平成27年度（平成27年4月～平成28年2月）売り上げ350万円程度
主な利用者の構成	年齢　3歳以上　性別　男女 介護状態　自立～要介護5

●トランポリンの魅力

　当社は平成12年に設立し，翌13年から訪問介護，訪問入浴介護の事業をスタートしました。現在では，先の2つに加え，居宅介護支援，通所介護，介護タクシー，訪問マッサージ，福祉用具貸与・販売，住宅改修，有料老人ホームの運営，障害者福祉サービスを事業として展開しています。

　さて，みなさんはトランポリンと聞いてどんなイメージを思い浮かべますか。子どもの玩具や体操競技を想像する人が多いと思います。高齢者がトランポリンをするイメージをできない人も多いはずです。私も初めは全くイメージできず，とても介護と結びつけることができませんでした。

　しかしトランポリンを調べていくうちにさまざまな効果があることを知りました。その中に1つのキーワードとして認知症予防があり，高齢者がトランポリンを使うことができたらすばらしいと感じたため，平成27年からケアトランポリンの販売・レンタル事業を開始しました。

●ケアトランポリンとは

　ケアトランポリンは，昭和11年にトランポリンを考案した米国のジョージ・ニッセン氏および45年来師弟関係にあった池上正郷氏を含む開発チームにより，高齢者・障害者のために作られたものです。

　特徴は，C型フープが取り付けてあることで，立位不安定な高齢者や障害者でも安全に安心してトランポリン運動を行うことを可能としています。さらに跳躍する際の重力に逆らう運動（抗重力運動）により衰えた筋力と脳を同時に活性化させ，認知症や

足踏みから始まるトランポリン運動

曲に合わせて楽しく運動できるレクリエーション

転倒の予防効果が期待できます。

　認知症予防に関連する商品は多数ありますが，ケアトランポリンを取り扱うことに決めた理由として「斬新さ」と「楽しさ」があります。今までのトランポリンの概念ではなく高齢者や障害者にも使用でき医療分野でも実績がある点と，単に跳ぶだけでなく音楽に合わせたり，複数の人で運動したり，足踏みをしたり，周りで歌を歌ったりするなど，その使い方には多くのさまざまなバリエーションがあります。そして，何よりも楽しく簡単に運動することにより一層効果が高まり，かつ継続もでき機能訓練やレクリエーションにも使用することができるという点が魅力です。

　当社の開設する通所介護事業所で行ったアンケート調査から，いくつか利用者の声を紹介します。

70代男性「最近麻痺側の足先の感覚がでてきた」

80代女性「ちょっとした段差でつまずいて転んでいたけれど，最近転ばなくなった」

90代男性「曲がった腰が伸びるようになった」

70代女性「自分の年齢でできると思わなかったのでうれしい」

70代女性「最初はできるか不安があったがやってみるとリズムに合わせて跳ぶことが楽しい」

●ケアトランポリンが介護保険事業にもたらした効果

　ケアトランポリンを導入したことで，家族やケアマネジャーの見学も増え，利用者獲得にもつながっています。そのために，新聞や広報誌での紹介，退社時や月例会などでの説明・体験会の実施，地域イベントへの出店など，PRに力を入れています。

　現在，千葉，福岡を中心に販売活動と代理店募集をしています。今後は介護事業所へプログラム（機能訓練用，レクリエーション用）の提案を強化し「脳トレ・筋トレ」同時運動ができるケアトランポリンの販売網を全国に広げたいと考えています。

プロフィール
昭和45年千葉県生まれ。30歳で会社を設立し，以来16年にわたり介護事業を中心に展開。現在営業所6カ所。2015年版ISO9001を訪問入浴介護で取得。
好きな言葉は「チャレンジ」であり新たなビジネスモデルへの取り組みとして「経営革新制度」による承認を千葉県から受ける。
「介護経営白書」「介護ビジョン」に記事掲載。

介護保険以外の事業として
・生活支援サービス　・健康商品の提案　・介護タクシー
・有料老人ホーム　　・訪問マッサージ　・農作物の生産販売
を手掛けている

実践編 事例14 東郷倶楽部「えかったハウス」

「生まれてきてよかった」「生きてきてよかった」と感じられる場所

医療法人社団医輝会 理事長／東郷倶楽部 代表　東郷清児

> **小濱Eyes**
>
> コミュニティサロンとしての取り組み事例です。一軒家を改造して地域の交流の場をつくり，サービスを提供しています。居場所をなくした高齢者が多い中で，地域の医院から望まれたサービスが，えかったハウスの取り組みです。

施設概要

サービス名	コミュニティサロン
住所	〒180-0013　武蔵野市西久保2－17－12
電話番号	0422－69－0091
ホームページ	http://www.ecattahouse.com
サービスの種類	カフェ，イベントの開催，貸しスペース（食事会，パーティ，勉強会，会議など）
営業時間	11：00～17：00
営業日	水曜日～日曜日
配置職員数	2人
利用料金	ドリンク類200円～，ランチ500円～
開設日	平成27年9月1日
一日の利用状況	約10人
広告宣伝の方法	HP，FB，ポスティング，事業所回り
収益の状況	売上月20万円
主な利用者の構成	年齢・性別は問わない。 一般住民・要介護者・障がい者（疾患や医療ニーズの有無を問わない）・福祉や医療の専門職

● 在宅ケアの現場で見えたもの

　私は内科医として，20年以上在宅医療に関わってきました。学生時代から医療と福祉のネットワークづくりに携わりたいと考えていた私は，平成4年に，30年間を過ごした鹿児島から，当時福祉日本一と言われていた東京都武蔵野市に仕事の拠点を移しました。行政のしっかりした街で，福祉の目線を持った医療がきちんと根づけば，医療と福祉の日本一の連携モデルがつくれると信じていました。

　しかし，敗戦から奇跡の復活を遂げ，長寿世界一となったわが国において，常に私が耳にする高齢者の言葉は「長生きするもんじゃない」「早くお迎えに来てほしい」といったものでした。

　また，在宅ケアの現場で見えてくるものは，介護保険の制度に振り回され，「サービスの質」という最も大切なものが意識の外に追いやられていく流れです。そこに潜む大きな問題を直視しなければ，やがて取り返しのつかない事態が訪れます。経済性ばかりが優先され，「豊かに生きる」とはどういうことか，「幸せな死」はどうすれば迎えられるか，いわゆるQOL（Quality of Life：生活の質）やQOD（Quality of Death：死の質）が無視されるようになれば，人々の"心"はすさんでいく一方です。

● 「えかったハウス」の立ち上げ

　年をとっても，たとえ病気や障がいを持つことになったとしても，楽しく，ゆったりと，暖かい優しい風に吹かれながら，安心して過ごせる場所が人には必要です。そのことを実現していくために，仲間とともに一軒家を改築し，誰も

一軒家を改修した外観

介護経験者きたろうさんのギターライブ　　　　手作りクリスマスパーティー

が集える地域の交流の場として立ち上げたのが「えかったハウス」です。カフェスペースをつくり，車いす用のトイレも設置しました。外からは見えない「心と心のつながり」こそが，希望に満ちた未来へと続く敷石となり，「本当の豊かさ」とは何かを気づかせてくれる柔らかな光をもたらしてくれます。えかったハウスでは，認知症の人も，障害を持った人も，たとえ末期がんで余命を宣告された人であっても，一般のお客さんと同じようにカフェで食事をし，イベントにも参加します。その隔たりのない空間が作り出すエネルギーは，医療や介護に携わる者を含むさまざまな人の意識に変化をもたらすものと考えています。

● **マイナスをプラスに変える新たな発想**

　加速するわが国の高齢者人口の増加は，少子化問題ともあいまって，今後さらに大きな社会問題となっていきます。そして，そこに存在する本当の意味での危機は，深く静かに，しかし確実にその深刻さを増していくのです。もはや過去の延長線上に未来はありません。日本はどこに向かうのか，日本人はこの時代をどのように生きて何を残していくのか，一人ひとりが問われている中で，マイナスをプラスに変えていく新たな発想が今必要とされています。大切なものを見失わず，ケアの原点からぶれることなく，「えかったハウス」は，地域の皆さんとともに活動と挑戦を続けていきたいと考えています。

プロフィール
1963年鹿児島生まれ。東京都武蔵野市，三鷹市を中心に在宅医療に従事。現在は医療法人社団医輝会の理事長で東郷医院の院長。平成27年10月に，医療・福祉と地域をつなぐ東郷倶楽部（http://www.togoclub.ne）を設立し代表を務める。

第4章

介護保険外サービス
提供時のルール＆
取り決め

1. 常勤や専従の考え方

小濱介護経営事務所 代表　小濱道博

1）常勤，非常勤の考え方

●常勤

　常勤とは，雇用契約における勤務時間が，就業規則で定められている勤務時間数（32時間を下回る場合は32時間）に達している職員をいいます（図）。この場合，その雇用契約の形態が正社員，パート，アルバイト，嘱託社員，契約社員，派遣社員などを問わずに常勤扱いとなります。

●非常勤

　社内での扱いが正社員であっても，家庭の事情などで雇用契約上の1日の勤務時間が短い場合を含めて，勤務時間が就業規則に定められた勤務時間に達していない場合は非常勤となります。

●兼務の場合

　管理者が他の職務を兼務することが認められる場合の取り扱いは，複数の職種の勤務時間の合計が就業規則などに定められた勤務時間に達していれば常勤とされます。

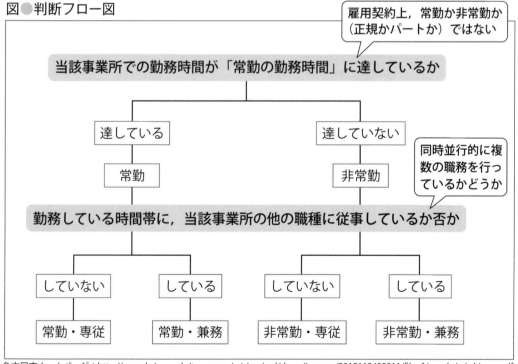

図●判断フロー図

名古屋市ホームページ：http://www.kaigo-wel.city.nagoya.jp/view/wel/docs_jigyosya/2015112400011/files/kinmukeitai-shiryou.pdf

●取り扱いの違い

　常勤職員と非常勤職員の大きな違いは，休暇や出張時の取り扱いにあります。常勤職員は休暇や出張の期間が1月を超えない限り，常勤として勤務したこととなります。一方で，非常勤職員は，休暇や出張はサービス提供に従事した時間とはいえないので，常勤換算する場合の勤務延時間数には含めることができません。要は，常勤職員は，月の中で1日でも出勤していれば人員基準では1人と計算され，非常勤職員は，休暇などの時間は常勤換算での延べ勤務時間には含まずに計算されるということです。

2）常勤換算の計算方法

　非常勤職員は常勤換算で人数が計算されます。常勤換算の計算方法は，毎月1日から月末までの勤務実績表を用いて1カ月分の延べ勤務時間を集計して，常勤者が勤務すべき時間で除して算出します。

　この計算では，小数点第2位以下を切り捨てます。例えば，1日4時間・週5日勤務する非常勤職員の4週の勤務時間は4時間×5日×4週で80時間。常勤職員の勤務すべき時間が，1日8時間・週5日勤務とすると4週の勤務時間は8時間×5日×4週で160時間となります。

　この場合の非常勤職員の常勤換算人数は，80時間÷160時間＝0.5人となります。その職員が複数の職種を兼務している場合は，集計する職種の勤務時間だけを算入します。

　常勤換算で計算すると，人員基準で必要な人数を満たしていないケースが見受けられるので注意が必要です。シフト表でギリギリに職員配置を組んでいる場合，利用者のキャンセルなどで延べ勤務時間が減少していたり，本来は常勤換算の勤務時間に含めることのできない介護保険外サービス提供時間や高齢者住宅での業務時間を含めていたりすることが，その原因となっています。これは開業まもなく利用者が少ない場合などに起こりがちです。

　やむを得ない事情で職員数が一時的に1割の範囲内で減少した場合は，1月を超えない期間内に職員が補充されれば職員数が減少しなかったものとみなされます。

　なお，念のために繰り返しますが，この常勤換算の計算においては，介護保険外サービスの提供時間を含めることはできません。

2. 介護保険サービスと完全に区分する

1）介護保険外サービスを明確に分けて管理運営する

　介護保険外サービスは，介護保険の対象ではないために利用者にとって10割負担となります。同時に介護保険制度の基準などにとらわれることはありません。

　介護保険行政の中で定期的に実施される実地指導は，介護保険対象のサービスが適正に行われているかを確認するものですから，介護保険外サービスの実施内容については実地指導の対象外です。しかし，介護保険サービスと介護保険外サービスが事業運営の中で混同している場合は指導の対象となります。そこで，2つのサービスを明確に分けて管理運営することが必要となります。

2）契約書関連書類の区分

　契約書や重要事項説明書，請求書や領収書は，介護保険サービスと介護保険外サービスを分けて別々に作成します。特に介護保険サービスの請求書や領収書に介護保険外サービスの提供分を含めて1枚で済ませることを行いがちですが，これは指導対象となります。

　よく，「利用者から1枚にまとめてほしいと言われた」「複数にすると紛失する」などの理由を聞きますが，どのような理由があっても認められないと考えるしかありません。どうしても介護保険サービスと介護保険外サービスを一緒に処理しなければならない場合は，事前に役所に行って状況を説明して協議する必要があります。

3）勤務シフト表や勤務実績表の区分

　毎月作成する勤務シフト表や勤務実績表も，その集計の中に介護保険外サービスの勤務部分を含めている場合は，介護保険外サービス分を除外して介護保険サービスだけの資料を再作成するように指導されます。しかし，職員の立場からしてみると，次月分の勤務シフト表が介護保険サービスと介護保険外サービスを別々の書類として渡されても実用的には不便この上ないことになります。

　実際の現場においては，まず介護保険サービスと介護保険外サービスを一緒にまとめた勤務シフト表を作成して職員に配布し，日常の運営でもそれを使用する。それらの資料に基づいて，将来の実地指導での提出用に別々の勤務シフト表と勤務実績表を別に作成しておく，といった対応がみられます。

4）介護保険外サービスは全く別の部署と考える

　利用者のみならず，事業所側も介護保険サービスと介護保険外サービスを一緒に考えてしまいがちです。しかし，行政の指導を念頭に置いた場合は，2つのサービスは同じ会社内の全く別の部署と考えるのが正解です。

　それは介護保険サービスという許認可事業を維持するために必要な作業であって，決して無駄な作業ではありません。介護保険制度上で指定取り消しなどの行政処分に発展した事例の多くは，介護保険制度の理解が不十分な会社トップに対して，現場サイドが何も言えない会社組織で起こっています。経営者側と現場サイドがしっかりとコミュニケーションをとってコンプライアンス対策をとり，業務を標準化することが重要です。

3. 介護事業所内で介護保険外サービスを提供する場合

1）介護サービス提供時間にはスペースを使用できない

　介護保険外サービスには，介護保険サービスの区分支給限度額を超えて利用する，いわゆる限度超過である上乗せサービスと，介護保険サービスとは全く異なるサービスである横出しサービスがあることは先に触れました（P.14，29参照）。横出しサービスは通常の介護保険サービスと全く異なるために，介護保険サービスの提供スペースを共有して提供することは認められませんが，介護保険サービスの提供時間外に，介護サービスに影響の出ない範囲であれば，スペースを利用することは可能です。

　例えば，お泊まりデイサービスは，提供時間外に通所介護のスペースを使って介護保険外サービスとして提供しています。最近増加している，リハビリ型通所介護の時間外のトレーニングマシンの開放などもこれに該当します。

2）介護保険外サービスの定員枠の取り扱い

　上乗せサービスすなわち限度超過でのサービス提供については，通常の介護保険サービスと一体的に同じサービスを提供します。そのため，スペース共有の問題はありません。しかし，この場合であっても，当日の利用者数のカウントには上乗せサービスの利用者も含めることを忘れてはいけません。

　また，完全に別料金を設定して介護保険サービスと一体的に同じサービスを提供

する場合は，社会福祉法人においては収益事業に該当しますので経理上では区分が必要です。さらに，その利用については，介護保険サービスの利用者を優先しなければなりません。

3）別料金を設定する場合の注意点

　介護保険サービスとは全く異なる横出しサービスでの料金設定は，利用者が理解できる範囲内で自由な設定が可能です。しかし，介護保険サービスと一体的に同じサービスを提供する場合は，介護保険サービスの10割負担の金額を下回ることは認められず，不当値引きとして実地指導において指導対象となります。

　例えば，通所介護で介護保険外サービスや体験サービスを提供する場合，1回利用の金額が2,000円などの価格設定をよく見かけます。これは，介護保険サービスの利用者の自己負担金額が1,000円弱なので，それを超えて価格設定をしているから大丈夫だろうとの判断です。

　しかし，介護保険を使っているから自己負担は1,000円なのであって，実際は介護保険が9,000円を負担していて，介護事業所は合計で10,000円の収入を得ています。

　すると，介護保険を使っていると10,000円かかり，介護保険外では2,000円で済むことになります。これは利用者を差別していることになります。故に，不当値引きの指導を受けることになります。この場合の介護保険外サービスの価格設定は，10割負担の10,000円以上とする必要があります。

4）高齢者住宅での介護保険外サービス

　高齢者住宅での介護保険外サービスで多い指導では，入居契約上で月2万円の生活援助サービス費を徴収しているケースです。この場合，生活援助は高齢者住宅側の役割であるので，訪問介護における生活支援は算定できません。

　同じように，食事介助や入浴介助を高齢者住宅のサービスとしてうたっていたり，料金を徴収したりしている場合は，介護保険サービスでの算定はできません。どこまでが高齢者住宅の役割で，どこからが介護保険サービスの役割かを明確に区分することが大切です。

4. 人の確保と標準化

株式会社東邦マルニサービス 副社長
株式会社楽和ケアセンター 代表　長田賢士

1）人員基準における人の確保

　介護保険事業を運営するに当たり，介護保険法に定める人員基準を満たすことは最低限のルールです。運営する介護保険サービス事業によって，最低限必要な人員の配置基準があり，人員基準を満たしていない場合は介護報酬の減算の適応や，事業運営そのものができなくなってしまうこともあります。したがって，最低限の人員を配置することは介護事業所にとって必須の条件となるのです。

2）サービス提供における人の確保

　介護サービスは，人が人に対してサービスを提供する対人援助サービスです。そして，介護保険制度が始まったことにより，利用者は消費者となり，われわれ介護事業者は利用者にとって必要なサービスを提供し対価（報酬）を得ています。

　利用者はお金を払ってサービスを利用します。サービスに不満があれば，支援担当者や事業所，会社を変えることができます。同じお金を払ってサービスを受けるのであれば，少しでも良いサービス，満足できるサービスを受けたいと思うのは消費者ならば誰でも思うことです。介護事業所，介護従事者は利用者がお客様であり消費者であるということを理解してサービスを提供しなければなりません。

　しかし，良いサービス，満足できるサービスの基準は個々に異なります。どうしたら利用者が満足するサービスを提供できるか，どうしたら支払う対価と同等またはそれ以上のサービスを提供してもらえたと思ってもらうことができるかを常に考えていく必要があるのです。その際，専門職としての知識や技術，経験ももちろん求められますが，われわれが介護保険制度に沿って提供する対人援助サービスというものは，知識や技術，経験が兼ね備わっているからといって利用者が必ずしも満足がいくわけではないということに注意が必要です。専門職と利用者という関係の前に，一人の人間と一人の人間の関係があるということを忘れてはいけません。

　介護サービスのすべては，利用者を知るということから始まります。そのためには，例えば，働く人が専門職として向上するための研修会やプログラム作り，サービス業として一定の水準を満たすためのマニュアルや行動基準などを作成するなど，会社としての体制を構築することが必要ではないでしょうか。

3）会社経営，事業運営から考える人の確保

　介護事業を経営，運営する上で人は最も重要な財産です。前述した通り，利用者が満足するサービスを提供できるかできないかは，利用者が満足するサービスを提供できる人材を確保できるかどうかにかかっています。

　今日の介護業界は慢性的な人不足が否めない状況であるため，人を確保することを第一に考えた時に，あれこれ人を選定している余裕がなく，とにかく面接にきた人は雇用するという心情は理解できますが，それは果たしてどうでしょうか。人を募集してとりあえず人員を確保できたとしても，専門職として，サービス業として人を育てる環境が整っていなければ，戦力となるまでに時間がかかります。また，会社の理念や指針，目標がなく従業員が働きやすい環境が整っていなければ，すぐにやめてしまう場合もあるでしょう。会社にとって本当に必要とする人材を把握せず人を確保したとすれば，結果としてサービスを提供する職員の入れ替わりが多くなり，利用者の満足からは遠ざかってしまうのです。

　人材不足の介護業界だからこそ，自社にとってどんな人が必要なのかを分析・把握して，必要な人材を確保することが「人の安定＝働く人の満足度」と「質のサービス＝お客様満足度」，そして「会社の繁栄」につながっていきます。

5. 会計の区分における会計処理

小濱道博

1）会計の区分とは

　運営基準の「会計の区分」について解説していきます。事業として複数の拠点を運営している場合には，その拠点ごとに会計を分けなければいけません。これを「本支店会計」といいます。また，訪問介護と総合事業，居宅支援事業所，障害福祉サービス，介護保険外サービス，一般事業など複数の事業を営んでいる場合は，それぞれの事業を部門に分けて会計処理を行います。これを「部門別会計」といいます。

　会計を分けるとは，少なくても損益計算書をそれぞれ別に作成するということです。収入だけでなく，給与や電気代，ガソリン代などすべての経費を拠点ごと，部門ごとに分けなければなりません。一般的には，経費を使った部署が明らかな場合は会計伝票を分けて起票します。

　介護施設や社会福祉法人の会計基準にも同様の会計区分の規定があります。これを実地指導で指摘された場合，通常は3年前に遡って会計の区分に沿った決算書の再作成と提出が求められます。

2）介護保険外サービスでの会計の区分

　介護保険外サービスの収入や経費についても，当然に会計の区分に従った会計処理が求められます。収入については，請求書や領収書は介護保険サービスとは別に作成しているので，その通りに収入を分ければ問題は起こりません。

3）経費の配分方法

　複数の拠点を運営する際に問題となるのが，経費の配分です。日常の経理では明確に分けることのできない経費は共通経費としてまとめておいて，月末や決算時に「按分比率」というものを使って各サービスの部門に割り振ります。これを共通経費按分といいます。

　「按分比率」の基準としては，厚生労働省から「延べ利用者数割合」（**表**）などの例示が出ています。ただ，それほど厳密に考えることはなく，実地指導で担当者に説明できる合理的な基準を用いていれば問題はありません。

　最も簡単な方法は，収入の割合で経費を各部門に振り分ける処理です。簡便的にこの売り上げ割合を用いて，各経費を配分する事業所は多いといえます。この処理

表 ● 延べ利用者数割合

種類	想定される勘定科目	配分方法
人件費（支出）	・職員給料（支出） ・職員賞与（支出） ・賞与引当金繰入 ・非常勤職員給与（支出） ・退職給付費用（退職給付支出） ・法定福利費（支出）	勤務時間割合により区分。 （困難な場合は次の方法により配分） ・職種別人員配置割合 ・看護・介護職員人員配置割合 ・届出人員割合 ・延利用者数割合
事業費（支出）	・介護用品費（支出） ・医薬品費（支出） ・診療・療養等材料費（支出） ・消耗器具備品費（支出）	各事業の消費金額により区分。 （困難な場合は次の方法により配分） ・延利用者数割合 ・各事業別収入割合
	・給食費（支出）	実際食数割合により区分。（困難な場合は次の方法により配分） ・延利用者数割合　・各事業別収入割合
事務費（支出）	・福利厚生費（支出） ・職員被服費（支出）	給与費割合により区分。 （困難な場合は延利用者数割合により配分）
	・旅費交通費（支出） ・通信運搬費（支出） ・諸会費（支出） ・雑費（雑支出） ・渉外費（支出）	・延利用者数割合 ・職種別人員配置割合 ・給与費割合
	・事務消耗品費（支出） ・広報費（支出）	各事業の消費金額により区分。 （困難な場合は延利用者数割合により配分）
	・会議費（支出）	会議内容により事業個別費として区分。 （困難な場合は延利用者数割合により配分）
	・水道光熱費（支出）	メーター等による測定割合により区分。 （困難な場合は建物床面積割合により配分）
	・修繕費（支出）	建物修繕は，当該修繕部分により区分，建物修繕以外は事業個別費として配分（困難な場合は建物床面積割合で配分）
	・賃借料（支出） ・土地建物賃借料（支出）	賃貸物件特にリース物件についてはその物件の使用割合により区分。 （困難な場合は建物床面積割合により配分）
	・保険料（支出）	・建物床面積割合により配分 ・自動車関係は送迎利用者数割合又は使用高割合で，損害保険料等は延利用者数割合により配分
	・租税公課（支出）	・建物床面積割合により配分 ・自動車関係は送迎利用者数割合又は使用高割合で配分
	・保守料（支出）	保守契約対象物件の設置場所等に基づき事業個別費として区分。 （困難な場合は延利用者数割合により配分）
委託費	・業務委託費（支出）（寝具） 　　　　　　　　　（給食） 　　　　　　　　　（その他）	各事業の消費金額により区分。 （困難な場合は，延利用者数割合により配分） ・延利用者数割合　・実際食数割合 ・建物床面積割合　・延利用者数割合
研修費	・研修研究費（支出）	研修内容等，目的，出席者等の実態に応じて，事業個別費として区分。 （困難な場合は，延利用者数割合により配分）
減価償却費	・建物，構築物等に係る減価償却費	建物床面積割合により区分。 （困難な場合は，延利用者数割合により配分）
	・車輌運搬具，機械及び装置等に係る減価償却費	使用高割合により区分。 （困難な場合は，延利用者数割合により配分）
	・その他の有形固定資産，無形固定資産に係る減価償却費	延利用者数割合により配分
徴収不能額	・徴収不能額	各事業の個別発生金額により区分。 （困難な場合は，各事業別収入割合により配分）
徴収不能引当金繰入	・徴収不能引当金繰入	事業ごとの債権金額に引当率を乗じた金額に基づき区分。 （困難な場合は，延利用者数割合により配分）
支払利息（支出）	・支払利息（支出）	事業借入目的の借入金に対する期末残高割合により区分。 （困難な場合は，次の方法により配分） ・借入金が主として土地建物の取得の場合は建物床面積割合 ・それ以外は，延利用者数割合

厚生労働省「社会福祉法人会計基準の運用上の取扱い等について」の一部改正について

は毎月の試算表で行っても，年に1回の決算資料に基づいて行う形でも，実地指導で指摘はされません。最低限でも，この会計処理をすることが必要です。

ただし，この処理はあくまでも簡便的です。経営資料としてはほとんど役には立ちません。どの事業に力を入れて，どの事業を廃止するかなどの経営判断や事業譲渡を行う場合の資料を念頭に置いた場合は，可能な限り一つひとつの会計の発生時点での個別処理で，直接の部門に分けることが必要です。事業として経営を行う場合は，しっかりとした会計処理を行うことが必要です。専門的な部分は，顧問契約している会計事務所に指導を受けることをお勧めします。

6. 事故発生時の対応とクレーム処理

1) お泊まりデイサービスの役所への事故報告義務

介護保険外サービスは基本的に介護保険の規程での役所への事故報告は必要ありません。例外として，お泊まりデイサービスの提供中に起きた事故の程度によっては，役所への届け出が必要になります。その届け出基準は保険者によって若干異なりますが，一般的には骨折などの重傷，24時間以上の所在不明，暴行虐待の判明，感染症などの重大な事故があった場合は2週間以内の届け出が義務となっています。

届け出の有無にかかわらず，どのような事故であっても，事業所としての対策の検討と再発防止のための具体策を講じることが必要であり，それができているかも実地指導におけるチェックポイントとなります。

2) 事故やクレームが起こらない体制づくり

介護保険外サービスを提供する利用者が高齢者であるために，事故やクレームが起こりやすい環境の中でのサービス提供となります。介護保険外サービスは役所への事故報告は必要ないとはいっても，大きな事故などが起こった場合は事業所全体の信用を失墜させる結果となります。やはり，介護保険サービス同様に，苦情記録，事故報告やヒヤリハットなどを残し，定期的に職員研修などで再発防止の検討を行うことが必要です。

事故や苦情があった場合は必ず記録をとるようにします。また，事故は未然に防がなければならないために，日頃からヒヤッとしたことやハッとしたことはヒヤリハットシートに書いておき，それを定期的に職員研修での議題として情報の共有や事故の防止につなげましょう。

とはいえ，ヒヤリハットシートは日頃の多忙な業務の中では作成する時間を持つことも厳しいのが現状です。1カ月の中でヒヤリハット週間などを設けて，一定期間に意識的に記録するなどの工夫が大切です。重大な苦情や事故が起きてからでは取り返しがつきません。実地指導にかかわらず，事業所全体で率先して取り組む必要があります。

3）クレーム処理

　介護保険外サービスは介護保険サービスではないとはいっても，提供する事業者が同じであれば利用者や家族は同じサービスとして評価します。クレームなどがあった場合は，介護保険外サービスであっても役所の窓口に苦情が寄せられることとなり，それがきっかけで実地指導が行われるケースもあります。

　クレームが大きな問題となるか否かは，初期対応にかかっているといっても過言ではありません。初期対応が遅れたり悪かったりすると解決が困難となり，その処理に長い時間を要することになります。介護保険サービスと同様に，苦情対応をマニュアル化して職員間で周知徹底し，日常から利用者の感情を損ねない対応を心がけることが必要です。

4）クレームとなる原因と対策

　クレームとなる原因の多くは，説明不足や担当者の怠慢な対応であるといわれます。口頭での説明は誤解を生みやすく，後で言った言わないの問題が生じるため，できるだけ文章での回答が有効です。文章は記録となりますので，面倒がらずに徹底したいものです。

　裁判に発展した場合でも，文章で記録が残っていると有利です。介護サービスはクレーム産業です。経費がかかるとしても顧問弁護士を決めておくことも有効です。ただし，裁判や弁護士の活用は最終的な手段であって，可能な限り誠意ある対応を行って事態を悪化させないように努めましょう。

7. 行政とケアマネジャーの理解を得る

1）なぜ行政の理解が薄いのか

　行政担当者の役割は，当然ですが介護保険法の遵守にあります。そのために，介護事業者が法令や基準を十分に理解して介護保険サービスを提供しているかを実地指導や日常の中で管理指導しています。「介護保険サービスの法令や基準をほとん

ど理解せずに介護保険サービスを提供している事業者がまだまだ多く存在する中で，介護保険外サービスにまで手を出されては管理指導ができない」というのが行政担当の本音と考えます。

　実際，平成26年度と平成27年度の指定取り消し，業務停止の事業所数は各年度において200件を超えています。介護保険法がスタートした平成12年以降，平成25年度までは年間で100件前後の行政処分数でしたので，ここ数年で倍増していることになります。

　この原因の一つに介護事業所の数が急増していることが挙げられます。特に通所介護，訪問介護，居宅介護支援事業所数はコンビニエンスストアの店舗数と比較されるまでとなり，行政の指導が行きわたりにくい現実があります。また，介護保険外サービスは10割負担であるため，提供サービスの質的な問題や料金トラブルも懸念されます。このような要因で，行政はあまり介護保険外サービスには前向きではありませんでした。

　しかし，平成28年3月に公表された「保険外サービス活用ガイドブック」によって，厚生労働省主導で介護保険外サービスへの取り組みがスタートしました。これは，介護保険外サービスを提供する事業者には追い風になることは間違いありません。

2）なぜケアマネジャーの理解が薄いのか

　介護保険外サービスは自己負担が10割です。そのため，ケアマネジャーがケアプランに位置づける場合，利用者に料金負担の理解を得ることが難しいことが一つの要因であることは間違いありません。その必要性は理解していても，通常では自己負担が1割から2割の介護保険サービスをケアプランに位置づけているケアマネジャーにとって，10割の全額負担である介護保険外サービスは，著しく高額なサービスに写るということです。

　そのため，介護保険外サービスを提供する事業者が行うべきことは明確です。介護保険外サービスの内容，対象者，料金設定の適正さなどをケアマネジャーに理解してもらうことに尽きます。そのためには告知すなわちPRが必要です。

　介護保険外サービスは，一般の市場に出回っている商品やサービスと同じです。ただ，置いておくだけでは誰も買ってくれません。販売員の一声，サンプルの提供，CMや広告，口コミの評判，雑誌やインターネットでの評価，営業マンの活動などを経て，商品は売れていきます。介護保険外サービスの導入に当たっても同じ努力が必要です。それを怠っていては，誰も利用してくれません。

8. 居宅サービス計画への位置づけ

1）ケアプランに位置づけるべき介護保険外サービス

　ケアプランに位置づけられる介護保険外サービスは，通常は役所が主導で実施される横出しサービス，すなわち役所が第一号被保険者の保険料などを財源として独自に提供し，NPO法人など実施を委託された事業者が担い手として実施されるサービスが対象となっています。地域包括ケアの推進で普及する介護予防日常生活支援総合事業も，地域の状況に応じた柔軟なサービス提供という表現で，いろいろな形の介護保険外サービスが提供されると考えられます。

　これらの介護保険外サービスは，ケアプランおよび予防ケアプラン，総合事業における予防ケアマネジメントのなかで位置づけられることになります。それ以外の一般法人が提供する介護保険外サービスは，ケアプランへの位置づけは必要ありません。

　しかし，位置づけることができないわけではありません。ケアマネジャーの判断において，ケアプランに含めることが可能です。

2）ケアプランに介護保険外サービスを含める場合

　介護保険外サービスをケアプランに位置づける場合の注意点は，やはり利用者の負担能力にあります。利用者からの希望である場合，特に問題は起きませんが，ケアマネジャーの判断である場合は，その必要性や支払料金を十分に利用者やその家族に説明して理解を得ることが必要です。この部分を怠るとクレームに発展します。

　また，ケアマネジャーが介護保険外サービスを選択する場合，可能な限り複数の提供先を検討比較し，最も優良なサービスでかつ，最もリーズナブルな事業者を選択しなければなりません。そのためには十分かつ信頼できる情報が必要で，日頃から介護保険外サービスを知っておくことが求められます。

　今後は，居宅介護支援事業所の介護報酬にも自己負担が取りざたされています。今までのように，単にケアプランを作って月に一度のモニタリング訪問を行うだけでは，他の事業所と差別化ができずに淘汰されてしまいます。特に特定事業所加算を算定する事業所は，一般の居宅介護支援事業所と明確な違いを示すことが必要です。これからは介護保険外サービスに詳しいケアマネジャーという位置づけも重要になってくるでしょう。

第 5 章

障害福祉サービス

1. 障害福祉サービスとは

小濱介護経営事務所 代表　小濱道博

1）障害者総合支援法

　平成15年にスタートした支援費制度によって，障害者への福祉制度は措置から大きく変わりました。その後，平成18年に障害者自立支援法が施行され，平成25年より障害者総合支援法に名称が変更となりました。

　障害者総合支援法では，障害のある人たちにとって，最も身近な市町村が一元的にサービスを提供しており，支援の必要度に応じてサービスが利用できるように，障害程度区分が設けられています。

　その利用については，国が費用の2分の1を義務的に負担し，利用者も利用したサービス量および所得に応じて原則1割の費用を負担します。ただし，低所得に配慮された軽減策が講じられていて，実際には1割負担の該当者は多くはありません。

　また，障害者総合支援法によるサービスは，障害者の障害の程度，社会活動や介護者の有無，居住等の状況などを踏まえて，個別に支給決定が行われる「障害福祉サービス」と，市町村が柔軟に実施できる「地域生活支援事業」の2つがあります。

　さらに，「障害福祉サービス」は，介護の支援を受ける場合の「介護給付」と，働きたいと考えている障害者が就労の場を確保するための訓練などの支援を受ける場合の「訓練等給付」に分けられ，各々の利用プロセスは異なります（**図1，2**）。

　なお，障害者の福祉サービスの必要性を総合的に判定するため，支給決定プロセスでは，障害福祉の専門家である第三者で構成される市町村審査会で公平・公正な支給決定が行われるように審査が行われます。

2）障害者制度改革

　聖域のない社会保障制度改革は，障害福祉も例外ではありません。介護保険制度同様に，新しい障害福祉制度へと見直しが進められています。

　制度改正や報酬改定の情報を早期に収集し，先手先手で対応策を講じることが重要な点は，介護保険事業を運営する場合と何も変わりません。

●障害福祉サービスの利用の流れ（図1, 2）

図1 ●介護給付の場合

相談・申し込み（相談支援事業者）（市町村）
↓
利用申請
↓
サービス等利用計画案の提出依頼（市町村）
↓
心身の状況に関する106項目のアセスメント（市町村）
↓
障害程度区分の一次判定（市町村）
↓
二次判定【審査会】【医師意見書】
↓
障害程度区分の1から6の認定（市町村）
↓
申請者に認定結果通知（市町村）
↓
地域生活, 就労, 日中活動, 介護者, 居住などの勘案事項調査（市町村）
↓
サービスの利用意向の聴取（市町村）
↓
サービス等利用計画案の提出
↓
支給決定案の作成
※必要に応じて、市町村審査会の意見を聴取
↓
支給決定（市町村）

図2 ●訓練等給付の場合

相談・申し込み（相談支援事業者）（市町村）
↓
利用申請
↓
サービス等利用計画案の提出依頼（市町村）
↓
心身の状況に関する106項目のアセスメント（市町村）
↓
勘案事項調査（市町村）
地域生活 就労 日中活動 介護者 居住 など
↓
サービスの利用意向の聴取（市町村）
↓
サービス等利用計画案の提出
↓
暫定支給決定（市町村）
↓
申請者に暫定支給決定通知（市町村）
↓
サービス等利用計画の作成
↓
サービスを一定期間利用
①ご本人の利用意思の確認
②サービスが適切かどうかを確認
↓
個別支援計画
↓
支給決定（市町村）

図3 ● 利用者負担の仕組み

	入所施設利用者（20歳以上）	グループホーム・ケアホーム利用者	通所施設（事業）利用者	ホームヘルプ利用者	入所施設利用者（20歳未満）	医療型施設利用者（入所）
自己負担	利用者負担の負担上限月額設定（所得段階別）					
	高額障害福祉サービス等給付費（世帯での所得段階別負担上限）					医療型個別減免（医療、食事療養費と合わせ、上限額を設定）
			事業主の負担による就労継続A型事業（雇用型）の減免措置			
	生活保護への移行防止（負担上限額を下げる）					
食費・光熱水費	補足給付（食費・光熱水費を減免）	食費については実費負担ですが、通所施設（事業）を利用した場合には、食費の人件費支給による軽減措置が受けられます。	食費の人件費支給による軽減措置		補足給付（食費・光熱水費を減免）	
		補足給付（家賃負担を軽減）				

厚生労働省ホームページ：http://www.mhlw.go.jp/bunya/shougaihoken/service/hutan3.html

3）利用者負担の仕組み（図3）

　障害福祉サービスの自己負担は，所得に応じて負担上限月額が設定され，ひと月に利用したサービス量にかかわらず，それ以上の負担は生じません。また，世帯での合算額が基準額を上回る場合は，高額障害福祉サービス等給付費が支給されます。食費等実費負担についても，減免措置が講じられます。

2．障害福祉サービスの種類

1）介護給付サービス

（1）居宅介護

　障害程度区分が区分1以上（障害児にあってはこれに相当する心身の状態）である障害者に対して，居宅において，入浴，排せつおよび食事などの介護，調理，洗

濯および掃除などの家事並びに生活などに関する相談および助言，その他の生活全般にわたる援助を行います。

ただし，通院等介助（身体介護を伴う場合）を算定する場合は，下記のいずれにも該当する障害者が利用できます。

> ①区分2以上に該当していること
> ②障害程度区分の調査項目のうち，次に掲げる状態のいずれか1つ以上に認定されていること
> 「歩行」「3　できない」
> 「移乗」「2　見守り等」,「3　一部介助」または「4　全介助」
> 「移動」「2　見守り等」,「3　一部介助」または「4　全介助」
> 「排尿」「2　見守り等」,「3　一部介助」または「4　全介助」
> 「排便」「2　見守り等」,「3　一部介助」または「4　全介助」

（2）重度訪問介護

障害程度区分が区分4以上である重度の肢体不自由者および重度の知的障害者・精神障害者で常に介護を必要とする障害者に，居宅において，入浴，排せつおよび食事などの介護，調理，洗濯および掃除などの家事並びに生活などに関する相談および助言その他の生活全般にわたる援助並びに外出時における移動中の介護を総合的に行います。具体的には，障害程度区分が区分4以上であって，下記のいずれにも該当する障害者が該当します。

> ①二肢以上に麻痺などがあること
> ②障害程度区分の認定調査項目のうち「歩行」「移乗」「排尿」「排便」のいずれも「できる」以外と認定されていること

（3）同行援護

視覚障害によって，移動に著しい困難を有する障害者で，同行援護アセスメント票（表1）において，移動障害の欄に係る点数が1点以上であり，かつ，移動障害以外の欄に係る点数のいずれかが1点以上である者に対して，外出時に同行して，移動に必要な情報を提供し，移動の援護，排せつおよび食事などの介護その他の障害者が外出する際に必要な援助を適切かつ効果的に行います。

ただし，「身体介護を伴う場合」を算定する場合にあっては，次のいずれにも該当する障害者が該当します。

表1 ●同行援護のアセスメント調査票

http://www.city.shizuoka.jp/000122745.pdf

	調査項目	0点	1点	2点	特記事項	備考
視力障害	視力	1. 普通（日常生活に支障がない）	2. 約1m離れた視力確認表の図は見ることができるが，目の前に置いた場合は見ることができない。 3. 目の前に置いた視力確認表の図は見ることができるが，遠ざかると見ることができない。	4. ほとんど見えない。 5. 見えているのか判断不能である。		矯正視力による測定とする。
視野障害	視野	1. 視野障害がない。 2. 視野障害の1点又は2点の事項に該当しない。	3. 両眼の視野がそれぞれ10度以内であり，かつ，両眼による視野について視能率による損失率が90％以上である。	4. 両眼の視野がそれぞれ10度以内であり，かつ，両眼による視野について視能率による損失率が95％以上である。	視力障害の1点又は2点の事項に該当せず，視野に障害がある場合に評価する。	
夜盲	網膜色素変性症等による夜盲等（注1）	1. 網膜色素変性症等による夜盲等がない。 2. 夜盲の1点の事項に該当しない。	3. 暗い場所や夜間等の移動の際，慣れた場所以外では歩行できない程度の視野，視力等の能力の低下がある。	―	視力障害又は視野障害のの1点又は2点の事項に該当せず，夜盲等の症状により移動に著しく困難を来したものである場合に評価する。必要に応じて様式例による医師意見書を添付する。	人的支援なしに，視覚情報により単独歩行が可能な場合に「歩行できる」と判断する。
移動障害	盲人安全つえ（又は盲導犬）の使用による単独歩行	1. 慣れていない場所であっても歩行（注2）ができる。	2. 慣れた場所での歩行のみできる。	3. 慣れた場所であっても歩行ができない。	夜盲による移動障害の場合は，夜間や照明が不十分な場所等を想定したものとする。	人的支援なしに，視覚情報により単独歩行が可能な場合に「歩行できる」と判断する。

注1．「夜盲等」の「等」については，網膜色素変性症，錐体ジストロフィー，白子症等による「過度の羞明」等をいう。
注2．「歩行」については，車いす等による移動手段を含む。

①区分2以上に該当していること
②障害程度区分の調査項目のうち，次に掲げる状態のいずれか1つ以上に認定されていること
「歩行」「3　できない」
「移乗」「2　見守り等」，「3　一部介助」または「4　全介助」
「移動」「2　見守り等」，「3　一部介助」または「4　全介助」
「排尿」「2　見守り等」，「3　一部介助」または「4　全介助」
「排便」「2　見守り等」，「3　一部介助」または「4　全介助」

表2 ●行動関連項目

調査項目等	0点			1点		2点	
本人独自の表現方法を用いた意思表示（6-3-イ）	意思表示できる			時々，独自の方法		常に独自の方法	意思表示できない
言葉以外の手段を用いた説明理解（6-4-イ）	説明を理解できる			時々，言葉以外の方法		常に言葉以外の方法	説明を理解できない
食べられないものを口に入れる（7-ツ）	ない	時々ある		ある（週1回以上）		毎日	
多動又は行動の停止（7-ナ）	ない	希にある	月に1回以上	週に1回以上		ほぼ毎日	
パニックや不安定な行動（7-ニ）	ない	希にある	月に1回以上	週に1回以上		ほぼ毎日	
自分の体を叩いたり傷つけるなどの行為（7-ヌ）	ない	希にある	月に1回以上	週に1回以上		ほぼ毎日	
叩いたり蹴ったり器物を壊したりなどの行為（7-ネ）	ない	希にある	月に1回以上	週に1回以上		ほぼ毎日	
他人に抱きついたり，断りもなくものをもってくる（7-ノ）	ない	希にある	月に1回以上	週に1回以上		ほぼ毎日	
環境の変化により突発的に通常と違う声を出す（7-ハ）	ない	希にある	月に1回以上	日に1回以上		日に頻回	
突然走っていなくなるような突発的行動（7-ヒ）	ない	希にある	月に1回以上	日に1回以上		日に頻回	
過食・反すうなどの食事に関する行動（7-フ）	ない	希にある	月に1回以上	週に1回以上		ほぼ毎日	
てんかん発作（医師意見書）	年1回以上	換算せず		月に1回以上		週1回以上	

http://www.city.kobe.lg.jp/life/community/handicap/img/koudoukanren.pdf

（4）行動援護

　障害者などが行動する際に生じる危険を回避するために必要な援護，外出時における移動中の介護，排せつおよび食事などの介護，その他行動する際に必要な援助を行います。

　その対象者は，知的障害または精神障害によって行動上著しい困難を有する障害者などで常に介護を要する者で，障害程度区分が区分3以上であって，障害程度区分の認定調査項目のうち，行動関連項目（11項目）（**表2**）などの合計点数が8点以上（障害児にあってはこれに相当する心身の状態）である者とされています。

（5）療養介護

　病院での機能訓練，療養上の管理，看護，医学的管理の下における介護，日常生活上の世話その他必要な医療を必要とする障害者で，常に介護を必要とするする場合に，主に昼間で，病院において行われる機能訓練，療養上の管理，看護，医学的管

理の下での介護および日常生活上の世話を行います。また，療養介護のうち医療に係るものを療養介護医療として提供します。

その対象者は，病院などへの長期の入院による医療的ケアに加えて，常に介護を必要とする障害者として次に掲げる場合です。

①筋萎縮性側索硬化症（ALS）患者等気管切開を伴う人工呼吸器による呼吸管理を行っている者であって，障害程度区分が区分6の者
②筋ジストロフィー患者または重症心身障害者であって，障害程度区分が区分5以上の者
③改正前の児童福祉法第43条に規定する重症心身障害児施設に入居した者または改正前の児童福祉法第7条第6項に規定する指定医療機関に入所した者であって，平成24年4月1日以降指定療養介護事業所を利用する①および②以外の者

（6）生活介護

障害者支援施設その他の施設において，入浴，排せつおよび食事などの介護，創作的活動または生産活動の機会の提供その他必要な援助を要する障害者で，常に介護を必要とする者に，主に昼間において，入浴，排せつおよび食事などの介護，調理，洗濯および掃除などの家事並びに生活などに関する相談および助言その他の必要な日常生活上の支援，創作的活動または生産活動の機会の提供その他の身体機能または生活能力の向上のために必要な援助を行います。

対象者は地域や入所施設において，安定した生活を営むため，常時介護などの支援が必要な者として次に掲げる障害者です。

①障害程度区分が区分3（障害者支援施設に入所する場合は区分4）以上である者
②年齢が50歳以上の場合は，障害程度区分が区分2（障害者支援施設に入所する場合は区分3）以上である者
③生活介護と施設入所支援との利用の組み合わせを希望する者であって，障害程度区分が区分4（50歳以上の者は区分3）より低い者で，指定特定相談支援事業者によるサービス等利用計画を作成する手続きを経た上で，利用の組み合わせが必要な場合に，市町村の判断で認められた者
・障害者自立支援法の施行時の身体・知的の旧法施設（通所施設も含む）の利

用者（特定旧法受給者）
・法施行後に旧法施設に入所し，継続して入所している者
・平成24年4月の改正児童福祉法の施行の際に障害児施設（指定医療機関を含む）に入所している者
・新規の入所希望者（障害程度区分1以上の者）

（7）短期入所（ショートステイ）

居宅で介護を行う障害者の疾病その他の理由によって，障害者支援施設，児童福祉施設その他の以下に掲げる便宜を適切に行うことができる施設などへの短期間の入所を必要とする障害者などに，施設に短期間の入所をさせて，入浴，排せつおよび食事その他の必要な保護を行います。

対象者は次の通りです。

福祉型：障害者支援施設などにおいて実施する場合
①障害程度区分が区分1以上である障害者
②障害児の障害の程度に応じて厚生労働大臣が定める区分における区分1以上に該当する障害児

医療型：病院，診療所，介護老人保護施設において実施する場合
遷延性意識障害児・者，筋萎縮性側索硬化症などの運動ニューロン疾患の分類に属する疾患を有する者および重症心身障害児・者等

（8）重度障害者等包括支援

重度の障害者などに，居宅介護，同行援護，重度訪問介護，行動援護，生活介護，短期入所，共同生活介護，自立訓練，就労移行支援および就労継続支援を包括的に提供します。

対象者は，障害程度区分が区分6（障害児にあっては区分6に相当する心身の状態）に該当して常に介護を必要とする障害者などで，意思疎通を図ることに著しい支障がある者のうち，四肢の麻痺および，寝たきりの状態にある者並びに知的障害または精神障害により行動上著しい困難を有する者です（**表3**）。

（9）共同生活援助（グループホーム）

地域で共同生活を営むのに支障のない障害者に，主に夜間において，共同生活を営むべき住居において相談その他の日常生活上の援助を行います。なお，平成26

表3 ● 重度障害者等包括支援対象者

類型		状態像
重度訪問介護の対象であって，四肢すべてに麻痺等があり，寝たきり状態にある障害者のうち，右のいずれかに該当する者	人工呼吸器による呼吸管理を行っている身体障害者（Ⅰ類型）	・筋ジストロフィー ・脊椎損傷 ・ALS（筋萎縮性側索硬化症） ・遷延性意識障害等
	最重度知的障害者（Ⅱ類型）	・重症心身障害者等
障害程度区分の認定調査項目のうち行動関連項目（11項目）等の合計点数が8点以上である者（Ⅲ類型）		・強度行動障害等

〈Ⅰ類型〉
（1）障害程度区分6の「重度訪問介護」対象者であって
（2）認定調査項目「1-1　麻痺等」の4項目においていずれも「ある」と認定
（3）認定調査項目「2-7　寝返り」において「できない」と認定
（4）認定調査項目「8　医療」において「レスピレーター装着あり」と認定
（5）認定調査項目「6-3-ア　意志の伝達」において「ときどき伝達できる」又は「ほとんど伝達できない」又は「できない」と認定

〈Ⅱ類型〉
（1）概況調査において知的障害の程度が「最重度」と確認
（2）障害程度区分6の「重度訪問介護」対象者であって
（3）認定調査項目「1-1　麻痺等」の4項目においていずれも「ある」と認定
（4）認定調査項目「2-7　寝返り」において「できない」と認定
（5）認定調査項目「6-3-ア　意志の伝達」において「ときどき伝達できる」又は「ほとんど伝達できない」又は「できない」と認定

〈Ⅲ類型〉
（1）障害程度区分6の「行動援護」対象者であって
（2）認定調査項目「6-3-ア　意志の伝達」において「ときどき伝達できる」又は「ほとんど伝達できない」又は「できない」と認定
（3）「行動援護項目得点」が「8点以上」と認定

厚生労働省ホームページ：http://www.mhlw.go.jp/bunya/shougaihoken/service/naiyou.html#3

年4月から共同生活介護（ケアホーム）は共同生活援助（グループホーム）に一体化されています。

　対象者は，障害程度区分が区分1以下の身体障害者（65歳未満の者または65歳に達する日の前日までに障害福祉サービスもしくは，これに準ずるものを利用したことがある者に限る），知的障害者および精神障害者です。障害程度区分2以上の方であっても，あえて共同生活援助の利用を希望する場合には，共同生活援助を利用することは可能です。

（10）施設入所支援

　施設に入所する障害者に，主として夜間において，入浴，排せつおよび食事などの介護，生活などに関する相談および助言，その他の必要な日常生活上の支援を行います。

　対象者は，次の通りです。

①生活介護を受けている者であって障害程度区分が区分4以上（50歳以上の者にあっては区分3以上）である者
②自立訓練または就労移行支援（以下「訓練等」という。）を受けている者であって，入所させながら訓練などを実施することが必要かつ効果的であると認められる者，または地域における障害福祉サービスの提供体制の状況その他やむを得ない事情により，通所によって訓練等を受けることが困難な者
③就労継続支援B型と施設入所支援との利用の組み合わせを希望する者または生活介護と施設入所支援との利用の組み合わせを希望する者であって，障害程度区分が区分4（50歳以上の者は区分3）より低い者で，指定特定相談支援事業者によるサービス等利用計画を作成する手続きを経た上で，利用の組み合わせが必要な場合に，市町村の判断で認められた者
・障害者自立支援法の施行時の身体・知的の旧法施設（通所施設も含む。）の利用者（特定旧法受給者）
・障害者自立支援法施行後に旧法施設に入所し，継続して入所している者
・平成24年4月の改正児童福祉法の施行の際に障害児施設（指定医療機関を含む）に入所している者
・新規の入所希望者（生活介護と施設入所支援の組み合わせについては，障害程度区分1以上の者）

2）計画相談支援

（1）相談支援事業者

　相談支援事業者は，サービス申請前の相談や手続きの支援などを行います。障害福祉サービス利用申請手続きで必要な「サービス等利用計画案」の作成も代行しています。このサービス等利用計画案は相談支援事業者の相談支援専門員が作成しますが，セルフプランでも問題はありません。特定相談支援事業者以外が作成したものがセルフプランです。本人了解のもと，家族やサービス提供事業者などの支援者が作成することも認められています。

　役所は，このサービス等利用計画案の内容などを踏まえて支給決定を行います。支給決定が行われた後に，特定相談支援事業者はサービス担当者会議を開催してサービス事業者などとの連絡調整を行い，サービス等利用計画を作成します。

　また，利用者に対しては，相談支援専門員が定期的に訪問してモニタリングを行

います。定期的とは，在宅サービスで6カ月，施設サービスでは1年をいいますが，単身の重度障害者は毎月のモニタリングとなります。そして，モニタリングの結果，必要に応じて計画の見直しを行います。

（2）相談支援専門員

障害者などの相談に応じて，助言や連絡調整などの必要な支援を行うほか，サービス等利用計画の作成を行います。

その資格要件は，障害者の保健・医療・福祉・就労・教育の分野における相談支援・介護等の業務における実務経験（3〜10年）と，さらに相談支援従事者（初任者）研修の修了者であることの両方を満たすこととされています。

（3）サービス管理責任者

障害福祉サービスのうち生活介護，療養介護，自立訓練，就労移行支援，就労継続支援，児童デイサービス，施設入所支援，共同生活介護，共同生活援助を実施する場合には，サービス管理責任者を置き，個々の利用者のアセスメント，個別支援計画の作成，定期的なモニタリングなどを行います。

その資格要件は，障害者の直接支援・相談支援などの実務経験（5〜10年）と，相談支援従事者初任者研修およびサービス管理責任者研修を受講していることのすべてを満たすこととされています。

3）自立，就労支援など

（1）自立訓練（機能訓練）

身体障害者に対して，自立した日常生活または社会生活を営むことができるように，一定の期間の中で身体機能または生活能力の向上のために必要な訓練などを行うサービスです。

（2）自立訓練（生活訓練）

知的障害者および精神障害者に対して，自立した日常生活または社会生活を営むことができるような，一定の期間の中で生活能力の向上のために必要な訓練などを行うサービスです。

（3）就労移行支援（一般型）

就労を希望する障害者に対して，一定の期間の中で生産活動などの機会の提供を通じて，就労に必要な知識および能力の向上のために必要な訓練などを行うサービスです。

（4）就労移行支援（資格取得型）

就労を希望する障害者に対して，一定の期間の中で生産活動などの機会の提供を

通じて，就労に必要な知識および能力の向上のために必要な訓練などを行うサービスです。

（5）就労継続支援（A型）

通常の事業所に雇用されることが困難な障害者に対して，就労の機会を提供し，生産活動などの機会の提供を通じて，その知識および能力の向上のために必要な訓練などを行うサービスです。

（6）就労継続支援（B型）

就労経験のある障害者などに対して，就労の機会を提供しつつ，生産活動などの機会の提供を通じて，その知識および能力の向上のために必要な訓練などを行うサービスです。

（7）宿泊型自立訓練

日中，一般就労や外部の障害福祉サービスを利用している知的障害者および精神障害者に対して，一定の期間の中で夜間の居住の場を提供して生活能力の向上のために必要な訓練などを行うサービスです。

3. 障害福祉サービスの許認可手続きのポイント

1）許認可の基本

障害福祉サービス事業者の許認可は都道府県にて行われます。申請者は法人格（株式会社，NPO法人，社会福祉法人など）であることが必要で，個人での申請はできません。また，法人の定款の目的には許認可を受ける事業の記載がされていなければなりません。

指定基準は都道府県ごとの条例で定められていますので，事業者ごとに，人員基準，設備基準，運営基準を満たすことが必要です。同時に，労働基準法，建築基準法，消防法，障害者虐待防止法，障害者差別解消法などの関連法令の遵守も求められます。

なお，許認可の有効期限は介護保険サービス同様に6年となっていますので，更新手続きが必要です。

2）基本的な許認可申請の流れ

①申請を行う都道府県の関係部課のホームページに指定申請書類一式が掲載されていますので，それをダウンロードします。必要な添付書類などは，申請するサービスによって異なりますが，ダウンロードする書類の中で指示されています。役

所との事前相談が必要な場合がありますので事前に確認することが必要です。

②書類の作成が終わりましたら，役所の担当窓口に電話して申請の予約を行います。何度か，書類の差し戻しもあり得ますので，開業予定日には余裕を持って申請手続きを進めます。年末年始やお盆の夏休み時期は，役所の担当者も交代で休みますので，通常よりも受理されるまでに時間を要する場合があります。

③申請書類が受理されてから数カ月で指定となります。介護保険法での訪問介護の指定を受けている事業者は，居宅介護や重度障害サービスなどはみなし指定の扱いですが，許認可には通常の申請手続きが必要です。また，指定後の更新や変更の手続きも介護保険同様に必要となります。

なお，書類作成と申請の代行は行政書士などが行っています。

3）障害福祉の報酬の請求と入金

障害福祉サービスの報酬は，介護保険同様に厚生労働省によって定められており，障害福祉サービス報酬の請求業務はインターネット上の電子請求受付システム（https://www.jshien.e-seikyuu.jp/Shinsei/main）を使って管理されます。請求に使用する簡易入力システムも電子請求受付システムから無料で提供されています。

しかし，簡易といっても検算チェック能力などがあり，実用上で問題は感じません。基本的な請求の流れや仕組みは介護報酬と同じですので，介護報酬の請求の経験があれば戸惑うことはありません。請求期間中であれば，何度でも取り下げと再請求ができる仕組みになっています。入金や返戻に関する明細書類などもこのシステムからダウンロードできます。

また，毎月10日までに請求された報酬は，請求した月の翌日20日前後に入金されます（介護報酬は25日前後）。常に2月分の未収金があることになりますので，開業時には少なくても2～3月分の経費に対応する運転資金を準備する必要があります。

4）指定後の実地指導

介護保険事業と同様に，定期的に所轄の役所による実地指導が行われます。障害福祉サービスを提供する事業所数は介護保険サービス事業所よりも少ないため，その実施の頻度も多いといえます。また，実質的な行政の説明会である集団指導も年1回程度の頻度で行われていますので，必ず参加するようにしましょう。

なお，障害福祉サービス事業者などにおける給付費の不正請求や利用者への虐待などが発生した場合は，指定の効力の停止や指定の取り消しとなる場合があります。

4. 放課後等デイサービス

おざわ行政書士事務所 代表　小澤信朗

1）放課後等デイサービスの概要

　放課後等デイサービスは平成24年4月に児童福祉法（昭和22年法律第164号）の中で新たな支援として位置づけられました。児童福祉法第6条の2の2第4項の規定に基づき，学校（幼稚園および大学を除く。以下同じ）に就学している障害児に，授業の終了後または休業日に生活能力の向上のために必要な訓練，社会との交流の促進，その他の便宜を供与するサービスです。

　放課後等デイサービスは，支援を必要とする障害のある子どもに対して，学校と家庭とは異なる時間，空間，人，体験などを通じて，個々の子どもの状況に応じた発達支援を行うことにより，子どもの最善の利益の保障と健全な育成を図るものです（「放課後等デイサービスガイドライン」より[1]）。

2）放課後等デイサービスの要件および許認可手続きのポイント

　放課後等デイサービスの要件は，①法人格を有していること，②人員配置基準と設備基準，運営基準を満たすことです。

〈人員配置基準〉

　重症心身障害児を除く障害児に対して支援を行う施設の場合，人員配置基準としては，管理者（兼務可能），児童発達支援管理責任者，指導員2人以上（うち1人以上は常勤である必要がある。また，指導員の必要最低人員は，定員数によって異なる）が求められます。

〈設備基準〉

　設備基準は，指導訓練室に必要な機械器具などを設置していること，その他必要な設備や備品のあることが求められます（指導訓練室の広さや必須な設備（部屋）などは各都道府県や政令指定都市により異なる）。

　なお，各都道府県や政令指定都市の指定申請先によっては，指定申請先の独自の事前説明会への参加を必須要件とするケースも増えてきましたので，注意が必要です。

3）放課後等デイサービスの仕組み

　放課後等デイサービスを利用可能な児童は，他の障害福祉サービスと同様に受給者証が発行された障害児です。障害児の定義は，児童福祉法第4条の2項により，

次のように規定されています。

> 身体に障害のある児童，知的障害のある児童，精神に障害のある児童（発達障害者支援法〈平成十六年法律第百六十七号〉第二条第二項に規定する発達障害児を含む），または治療方法が確立していない疾病その他の特殊の疾病であって障害者の日常生活および社会生活を総合的に支援するための法律（平成十七年法律第百二十三号）第四条第一項の政令で定めるものによる障害の程度が同項の厚生労働大臣が定める程度である児童。

すなわち，療育手帳が必ずしも発行されていなくても，医師の診断により，利用することができる可能性がある児童も多くいます。

放課後等デイサービスに関しては，他の障害福祉サービス同様に報酬が定められており，報酬額のうち，障害児童の保護者などの家計に応じた額を利用児童の保護者が負担します。その際，1割相当額が低い場合は1割相当額を利用児童保護者が負担することになり，残りは，障害児通所支援給付費として支給されます。また，報酬は1日当たりの設定となっているため，受給者証には利用日数の上限が定められています。

なお，放課後等デイサービスの給付費の区分については，障害児の障害種別および利用定員に応じて算定します。

4）放課後等デイサービスの収入

放課後等デイサービスの収入に関しては，前述のように1日当たりの報酬が設定されています。また，人員配置基準，障害児の障害種別および利用定員，さらには，地域によって収入は異なります。

現在，最も一般的な放課後等デイサービスの形態（10人定員で障害児〈重症心身児を除く〉）であれば，1カ月で週6日営業する場合（土，祝日営業し，日曜日のみ休日），平均8割の稼働であれば，約200万～220万円の収入になりますが，さらに収入を増やすためには，加算を多く取得することが求められます。加算には主に次のようなものがあります。

- 児童指導員等配置加算（サービス提供時間中に児童指導員など有資格者の指導員を配置した場合に取得できる加算）
- 指導員加配加算（通常の最低定められている指導員の人員配置よりも常勤換

算で1人以上多くの指導員を配置した場合に取得できる加算。児童指導員などを配置した場合は加算額がさらに増える）
- 福祉専門職員配置加算（常勤の指導員のうち，社会福祉士や介護福祉士などを一定数配置していると取得できる加算）
- 特別支援加算（理学療法士や作業療法士，言語聴覚士などを配置して訓練を行うと取得できる加算）……など

資格保持者を配置すると取得しやすい加算が多いため，資格保持者をいかに採用していくかが加算取得のための鍵となります。

5）放課後等デイサービスを運営するに際しての注意点

近年，放課後等デイサービスの支援の質が問題になっています。具体的には，単なる居場所となっている事例や，発達支援の技術が十分でない事業所が軽度の障害児だけを集めている事例など，障害児本人にとって適切な支援がされていないというケースがあります。そのため，今後は，平成27年4月に公表された「放課後等デイサービスガイドライン」に定められた事業運営が求められることになります。

また，特に都心部では放課後等デイサービスさらなる増加が見込まれています。競争がすでに始まっている地域もあるため，利用児童にとって適切な支援を受けることができる事業所であるかどうか，という視点で保護者から選定される機会が増えていくことも承知しておきたいところです。

さらに，保護者の就労支援や家族のレスパイトケアをサービス利用の主目的とする場合は，放課後等デイサービスではなく地域生活支援事業における日中一時支援などの活用を促す通知が厚生労働省から各都道府県または政令指定都市の指定申請担当者に出されています。これにより，今後放課後等デイサービスの利用に際しても，必要な支給量が受給者証を発行する支援者によってシビアに判断されることになるでしょう。

6）放課後等デイサービスの事業所紹介

放課後等デイサービスでは，具体的にどのような経営者が運営し，どのような活動をしているのでしょうか。2つの放課後等デイサービスを紹介します。

心と行動の発達支援コルチェ中山

施設概要

サービス名	放課後等デイサービス
住所	〒226-0011　神奈川県横浜市緑区中山町314－10
電話番号	045－933－9530
ホームページ	http://www.korcze.com/
営業時間	平日14：00～18：00　学校休業日10：00～16：00
営業日	月曜日～土曜日（祝日除く）
配置職員数	1日約4～6人
利用料金	厚生労働大臣が定める基準による額，おやつ代1日100円，その他実費
開設日	平成25年12月1日
一日の利用状況	定員10人

　心と行動の発達支援コルチェ中山は，平成25年12月に横浜市緑区に開設されました。コルチェ中山を運営している株式会社コルチェの増山崇社長に話を伺いました。

　「コルチェ中山でメインに取り組んでいることは，子どもたちに心理社会的な成長を促すことです。その方法として，子どもたちが友達集団やクラスの中で『うまくやっていく』ためのスキルトレーニング（SST：ソーシャルスキルズトレーニング）をメインとしています。具体的には，グループでゲームを行ったり，現実に即した場面についてワークシートを用いて考えたりしています。

　ただ，通ってくる子どもたちはそれぞれさまざまな特徴を持っていますし，その程度の幅も狭くありません。その子その子にできるだけ即したサポートを行うため，心理社会的なトレーニングを主眼としながらも，さまざまなことに取り組んでいます。例えば，特別支援教育に適した教材を用いた学習支援，手先を使った訓練としての制作活動，不適切な行動がある子どもに対する行動分析的な視点からの働きかけなどです。

　発達障がい児に接する私たちにはここまでやれば十分という『終わり』はなく，その支援が本当にその子のためになっているかを日々反省しながら絶えず学んでいく必要があり，この事業所も今後もその質の向上にたゆまぬ努力をしなければいけません」

　子どもに接する一瞬一瞬が，その子の今後に影響を与えます。社会のために役立つ事業をするために起業した増山崇社長は，信頼関係を確立しながらその子に役立つ療育となるよう，スタッフとともに日々奮闘しています。

訓練室

増山崇社長

pomme北野ルーム

施設概要

サービス名	放課後等デイサービス
住所	〒352-0003　埼玉県新座市北野3丁目2番10号　メゾンドールSK1階
電話番号	048－458－3283
ホームページ	http://www.pomme-kitanoroom.com/
営業時間	平日14：30～17：30　学校休業日10：30～17：30
営業日	月曜日～土曜日（祝日除く）
配置職員数	1日約4～6人
利用料金	厚生労働大臣が定める基準による額，おやつ代1日50円，その他実費
開設日	平成27年2月1日
一日の利用状況	定員10人

　pomme北野ルームは，平成27年2月に埼玉県新座市に開設されました。pomme北野ルームを運営している株式会社chemittaの諏佐佳子社長に話を伺いました。

　「pomme北野ルームのモットーは『安心安全で，質の高い療育を提供すること』と『面白くなくてはならない』です。これまで障がい児を育ててきたノウハウ，保育園で働いた経験を生かし，一人ひとりに寄り添える事業所を目指すべく，日々切磋琢磨しています。

　スタッフの質こそが，事業所の質であり，味になっていくと私は考えます。そして，子どもたちとスタッフたちでpommeらしさを作り上げていきたいと思っております。

毎日子どもたちが安心して楽しく通える場所，そして保護者様が安心して預けられる場所であることはもちろん，これから先も長く愛され続ける事業所であることを目指しております」

諏佐佳子社長は脳性まひの障害を持って生まれた息子を育ててきたそうです。その中で，「私が死んだら，この子はどうなるのだろうか？」と母親であれば絶対に思うであろう不安を少しでも解消するために，障害福祉サービスの起業を志すことになりました。

そんな諏佐佳子社長の夢は，子どもたちが安心で安全な場所で生活できる終(つい)の住処(すみか)をつくることです。そのために，まずは放課後等デイサービスを開設し，その後，多くの障害福祉サービスに取り組むことで，自身の息子だけでなく，後に続く他のお子さんの母親役にもなりたいと日々活動しています。

訓練室

諏佐佳子社長

引用・参考文献
1) 厚生労働省：放課後等デイサービスガイドライン，平成27年4月.

プロフィール
1977年東京生まれ。東京都中野区で活動する行政書士。介護甲子園執行役員。季刊誌「介護応援隊」編集長。山形大学人文学部4年の時に，知的障害児のための学童保育でボランティアを始めたことをきっかけに，障害福祉サービスに関するサポート業務を行うことが自分のライフワークとなる。山形大学人文学部を卒業後，某社の介護保険対応総合システムのサポートを経て，独立。特に，放課後等デイサービスは，関東圏を中心に北は青森県から南は沖縄県まで開設や運営のコンサルティングや開設に際しての申請業務を約100件行った実績あり。また，開業後，5年半の間で，リコージャパン株式会社，NDソフトウェア株式会社，新興サービス株式会社，多摩信用金庫，株式会社細田工務店，株式会社エスエムエス，株式会社いきいきらいふ，連合福井，杉並区地域包括支援センターケア24西荻，府中市地域包括支援センター安立園など上場企業や地域包括支援センター主催のセミナーで講師としても活動している。現在では社内研修も合わせると月4～5本の講演・研修を行っている。

5. 障がい者グループホーム

積水ハウス株式会社 医療・介護推進事業部 課長　山村由美子

1）障がい者グループホームの現状

　障がい者グループホームは，平成元年から「精神薄弱者地域生活援助事業（知的障がい者グループホーム）」として制度化されました。「障がい者自立支援法」の施行により障がい者施設から地域への移行が推進され，グループホームの利用者は年々増加しています（**図1**）。障がい者の高齢化，重度化，親亡き後の日常生活の場としてニーズが高まり，供給が追いつかない地域が多くなっています。

2）障がい者グループホームとは

　障がい者グループホームは，障がい者総合支援法の第5条第15項に基づく「共同生活援助」の指定を受けた事業所および共同生活住居です。身体・知的・精神障がい者および難病患者などの，入所施設や自宅以外の生活の場の一つとなっており，「介護サービス包括型」と，「外部サービス利用型」（介護サービスについては居宅介護事業所に委託する）に分けられます。

　基本的には個室の自分の部屋があり，「世話人」などから，食事や掃除などの家事支援，日常生活の相談，金銭管理などの支援を受け共同生活を行う住宅で，介護が必要な人は介護も受けることができます。利用者の多くは，一般就労または，生活介護や就労支援などのサービスを利用して平日の日中を過ごしています。

図1●障害者グループホームの利用者数の推移

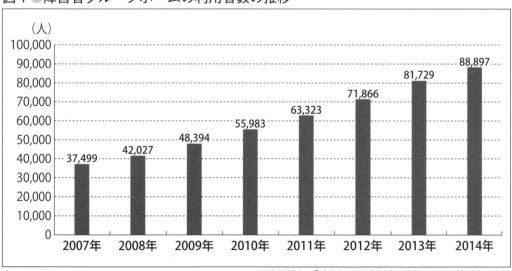

厚生労働省：「障害者の地域生活の推進に関する検討会」資料

（1）障がい者グループホーム事業の指定申請について

　指定事業者となるためには，開設地の指定権者（知事・中核市長など）に対し申請しなければなりません。申請には下記要件を満たす必要があります。

> ①法人であること（定款に「障がい者総合支援法に基づく障がい福祉サービス事業」を行う旨の記載があること）
> ②指定基準（設備基準・人員基準・運営基準）を満たしていること
> ③指定申請の前に開設地を管轄する消防署，建築主事に事前相談を済ませておくこと　※相談した日時，担当部署，担当者名，相談内容を記録・保存することをお勧めします。

（2）設備基準の概要

　設置基準の概要は次の通りです。

設置場所：住宅地，または住宅地と同程度に利用者御家族や地域住民との交流が確保される地域。原則として入所施設，通所施設，病院の敷地の外にあること。

居室面積：原則個室。収納設備を除いて，7.43m^2（約4.5畳）以上。

定員：事業所の定員は4人以上，1共同生活住居（ユニット）の定員は2人以上，1ユニットは定員10人まで。

必要設備：複数の居室の他，食堂・居間・台所・便所・洗面設備・浴室などをユニットごとに設けること。

（3）人員基準の概要

　人員基準の概要は**表1**の通りです。

（4）運営基準の概要

　開設地の行政が示す設置運営要綱に従う必要があります。参考として，東京都の「運営基準に係る参考様式」では，運営規程，契約書，重要事項説明書，個別支援計画，法定代理受領通知，サービス提供記録，実績記録票，預かり金管理規程等・預かり金等個人別台帳，秘密情報の保持に関する誓約書，個人情報使用同意書，相談・苦情受付等記録書，事故報告様式例，ヒヤリ・ハット報告書などが求められています。

（5）開設までの大まかな流れ（**図2**）

　どの事業も同じですが，事業構想は大切です。入居対象者と定員，開設地と開設スタイルが収支計画に大きく関わりますので熟考しましょう。物件整備では，関連する法令に準拠するための確認作業を丁寧に行う必要があります。また職員，特に有資格者は早めに確保しておくと安心です。

表1 ●人員基準（介護サービス包括型）

職種	配置人数	主な業務内容	資格要件
管理者	常勤1人 ※業務に差し支えなければ兼務可	従業者および業務その他の管理を一元的に行う	なし（管理の知識・経験者であること）
サービス管理責任者	利用者が30人以下は1人 30人を超えて30またはその端数を増すごとに1を加えた数以上	個別支援計画の作成，支援サービスに関わる担当者との連絡調整，従業者への技術指導などサービス内容の管理などを行う	5〜10年の実務経験があり，さらに相談支援従業者初任者研修とサービス管理責任者研修の2つを終了した者 ※要件の詳細については，開設地の担当部署に定義されているので必ず確認してください
世話人	常勤換算で利用者数を6で除した数以上（4：1・5：1の場合は報酬に反映する）	食事の提供，健康管理，金銭管理の援助，日常生活に必要な相談援助，日常生活に必要な相談援助など行う	なし
生活支援員	常勤換算で次のA〜Dの合算数以上 A：区分3の利用者数を9で除した数 B：区分4の利用者数を6で除した数 C：区分5の利用者数を4で除した数 D：区分6の利用者数を2.5で除した数	食事・入浴・排せつなどの介護を行う	なし

※親族による勤務は制限があります。担当部署に確認してください。
　外部サービス利用型は生活支援員の配置は不要です。

図2 ●障がい者グループホーム開設までの流れ

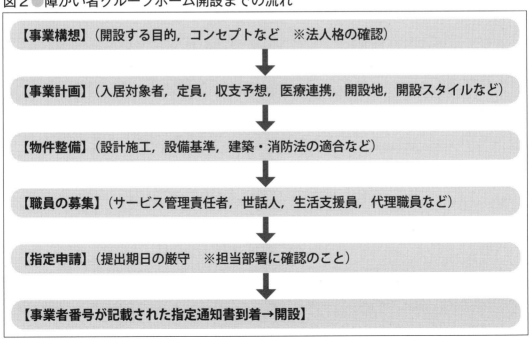

図3●開設のスタイルについて

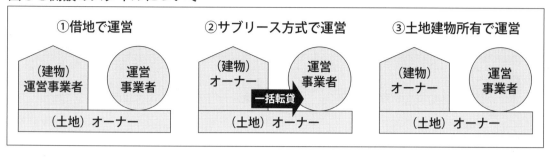

図4●サブリース方式について

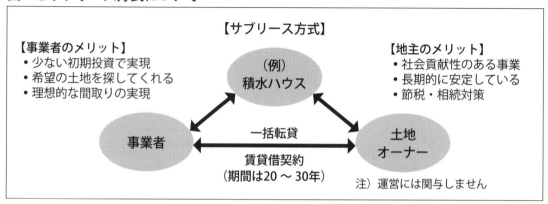

（6）開設のポイント

　事業構想から事業計画に移る際，開設地をどこにするか，開設のスタイル（**図3**）をどうするかを決める必要があります。自主建築の場合は，初期投資費用に融資や公的資金補助を受けるための準備，さまざまな申請なども含めて時間と人手を見込まねばなりません。現在は公的補助が減少傾向にあることから，ここではサブリース方式について説明します。

①サブリース方式によるグループホームの整備について

　社会貢献意識を持つ土地オーナーの増加や，サブリース方式の開設スタイルが認知されたことで，グループホームの計画が徐々に増えてきています。

　サブリース方式とは，土地の有効活用を考えている人がオーナーとなりグループホームを建て，運営する福祉法人が一括して家賃で借り上げるシステムです（**図4**）。これにより，運営法人が土地や建設費用を準備する必要はなく，オーダーメイドのグループホームの建築が可能になるのです。

　例えば，アパート建築に多大な実績を持つ積水ハウスは，各地域に広がるネットワークを駆使して法人が希望するエリア内で，条件に合う土地オーナーを探すことができます。建築だけでなく申請等さまざまな資料作成など連携しますので，法人側の負担を軽減できます。

図5●定員10人の参考平面図

表2●定員10人の参考平面図の概要

建物概要	居室10室，食堂・居間・台所・便所・洗面設備・浴室，世話人室など
建築規模	延べ床面積：約80坪
地主への支払い	１居室当たりの家賃×10（部屋数） ※世話人室にも家賃が発生する場合があります。
地主との契約期間	概ね30年（20〜30年）

②定員10人のグループホームをサブリースした場合の例（図5，表2）

定員10人の１ユニット。全員が集えるように食堂は１つ。浴室は各階に配置。世話人室は玄関や階段近くに配置するなど，事業者のニーズに対応しました。

（7）グループホームの収入について

グループホームの収入は２つあります。その１つが，入居者に対するサービス提供分に対し市町村から運営事業者に支給される「給付費」です。給付額は，定員，入居者の障がい区分程度，利日数，加算の取得により異なります。そしてもう１つは「利用者の負担費用」です。利用者の負担費用には，家賃[1]・食費[2]・水光熱費[3]・日用品費[4]・日常生活品費[5]などが相当します。その他自治体によって異なりますが，家賃や水道料金の補助として「補助金」が支給される場合がありますので開設地の担当部署に確認してください。

（8）グループホームの支出について

人件費，事務費，事業費など，他の事業にかかるものとほぼ同様です。サブリースの場合は地主への支払い家賃がかかります。

（9）入居者の負担する費用について

家賃，食費，水光熱費，日用品費，その他の日常生活費が主なものです。

---

* ＊1　家賃については1人当たり1万円の公的助成制度があります。自治体によっては上乗せ補助がある場合があります。
* ＊2　食費は材料費が該当し，提供にかかる人件費は含みません。
* ＊3　水道光熱費は，建物全体にかかる費用を案分するなど，適正な設定が必要です。
* ＊4　日用品費は，電球，トイレットペーパーや洗剤など全員で使用する消耗品のことです。
* ＊5　日常生活費は，利用者の希望により発生する嗜好品，送迎の燃料などのことです。

（10）まとめ

グループホーム利用者の障がい特性は多様です。開設地の環境や建物内容を工夫し，音・光・臭いなどに過敏に反応しないよう，想定される範囲で配慮しておくことが大切です。家族的な単位なので，個々のニーズや生活の仕方に折り合いをつけやすい設計的な配慮をすることで，利用者も支援者も暮らしやすくなります。

またバックアップ施設，医療機関との連携や，近隣住民，地域との交流を良好に保つことも大変重要です。冒頭に記しましたように，障害者グループホームの需要に対し供給が追いついていない地域が多くあります。より良いグループホームが増えることを心から願っています。

引用・参考文献
1）厚生労働省：「障害者の地域生活の推進に関する検討会」資料
2）東京都：「東京都障害者グループホーム運営の指針」
3）東京都：「東京都障害者グループホームに係る説明会（本体資料）」

■お問い合わせ
東京都渋谷区代々木2－1－1　新宿マインズタワービル23F
積水ハウス株式会社　医療・介護推進事業部　担当：山村由美子
TEL：03－5352－3881　　FAX：03－5352－8821
E-mail：yamamura009@sekisuihouse.co.jp

6. 居宅介護，重度障害，行動援護

小濱道博

1）訪問介護の併設として最も一般的

　訪問介護サービス事業者が併設する障害福祉サービスとして最も一般的なものが，居宅介護，重度障害，行動援護サービスです。その理由として，介護保険における訪問介護の許認可を受けている事業者は，みなし指定としてサービスを提供できる点があげられます。

　みなし指定では，許認可申請は別に申請して事業者番号を取る必要はありますが，特に職員数を増やすことなく，介護保険と障害福祉の2つのサービスを提供できることから，この2つの許認可を取っている訪問介護事業者は多いといえます。いずれにしても，非常に参入しやすい障害福祉サービスです。

　なお，行動援護サービスは，知的障害と精神障害者を対象とした外出時の移動支援サービスです。

2）サービス提供の実際

　一口に障害者といっても，居宅介護，重度障害，行動援護サービスの利用者としては障害児が多いといえます。障害児は成長とともに力が強くなるため，サービス提供にも経験値が重要な要素となってきます。

　また，親の存在も忘れてはいけません。時には理不尽な要求を受けることもあります。ケアプランも親が作成しているケースも多く，現場サイドではコンプライアンス面で疑問に思う内容になっていることも珍しくありません。ごく一部ではありますが，トラブルが続き，事業所を転々とする利用者もいます。

　故に，安易に参入すると厳しい面があることを理解してください。これは，やるなと言っているのではありません。ただ単に参入しやすいからと片手間的に行うのではなく，やるからには相当の覚悟を持って参入してくださいという意味です。

　また，行動援護サービスなどにおいて精神障害者を対象とする場合は，より専門的な知識と経験値が必要です。一層の注意が求められますので，専門の障害福祉事業者にお任せすべき部分が多いと考えます。

3）収益面での状況

　居宅介護の場合，身体介護を伴わない生活援助サービスのみを提供している場合

は非常に単価が低く，一般の事業者が取り扱うと採算割れするケースも珍しくありません。障害福祉サービス専門の事業者でも何とかやり繰りして提供しているのが実際です。

また，重度障害サービスは泊まり込みでサービスを提供することも多く，担当する職員の確保やノウハウ，経験値が重要です。長時間サービスになりますので，報酬の総額は大きくなりますが，時間単価はあまり良いとはいえません。収支が，人件費とトントンになってしまうケースもあります。

そして，経験値が必要といっても，そこに自事業所の優秀なヘルパーを担当させてしまうと，ほとんど専任で張り付く形になってしまうため，介護保険サービスが手薄になるという問題もあります。しっかりと収支バランスと職員配置を見極めて，単独で事業が成立するように管理することが参入の大前提です。

4）最終的には就労支援までを視野に

利用者が障害児であっても，他の子どもと同様に成長していきます。数年後には障害児ではなくなり，一般の障害者となります。その時に出る問題が就労支援です。障害福祉サービスを手がける場合は，関係機関や他のサービスなどと連携して，将来的であっても，どこかの時点で就労支援までを手がけることも考えるべきです。それができて初めて，障害福祉を手がけているといえるのではないでしょうか。

7. 移動支援サービス（ガイドヘルプサービス）

1）移動支援サービスとは

移動支援サービスとは，障害者総合支援法に基づく事業で，障害者の外出のための移動を支援するサービスです。重度訪問介護，同行援護および行動援護の支給対象者は利用対象者から除きます。

実施の主体は市町村で，サービスを提供する場合は市町村の基準に従って許認可を得るため，そのサービス内容や報酬体系は市町村によって異なります。

2）一般的なサービス提供の対象者

単独で外出することが困難な小学生以上の障害者が対象です。18歳以下の場合は，保護者が一緒に外出することが困難な場合に対象となります。

具体的には，次のような利用者が考えられます。

①重度の盲ろう者（児）　②知的障害者（児）　③精神障害者（児）
④全身性障害者　　　　　⑤重度の全身性障害者（児）など

3）対象サービスと対象外サービス

　移動支援サービスは，社会生活を行う上で必要不可欠な外出や余暇活動などの社会参加のための外出が対象となります。これには，外出中の食事介助や排せつ介助を含みます。具体的には，施設への通所，医療機関への通院，公共機関の利用，買い物，学校への通学，保育所や放課後等デイサービスへの通所，冠婚葬祭や習い事，美術館，映画，コンサートなどの娯楽施設の利用となりますが，これらはすべて原則として1日の範囲内で用務を終えるものに限られます。

　また，次に該当する場合は，サービスの対象外となります。

①通勤，営業活動等の経済活動にかかる外出
②通年かつ長期にわたる外出
③社会通念上適当でない外出（ギャンブルなど）

8. 介護タクシー（福祉有償運送）

　介護タクシーは，障害福祉よりも介護保険の認定を受けた利用者の利用が多いサービスです。事業を運営するためには，一般乗用旅客自動車運送事業（福祉輸送事業）の許認可を陸運局から取得することが必要で，その手続きの代行は行政書士が行っています。

1）一般のタクシーとの違い

　介護タクシーを利用できるのは，介護保険法による要介護認定者および要支援認定者，身体障害者手帳の交付を受けている者，肢体が不自由な者，知的障害・精神障害などで単独で公共交通機関を利用できない者，消防機関によるコールセンターを介して搬送サービスの提供を受ける者とその付き添い人とされています。

　使用する車両は，原則として福祉車両です。福祉車両とは，車いすやストレッチャーのためのリフト，スロープ，寝台などの特殊設備を設けた自動車や，回転シート，リフトアップシートなどの乗降装置を設けた自動車をいいます。

セダン型の場合は，ケア輸送サービス従業者研修修了者，福祉タクシー乗務員研修修了者，介護福祉士，訪問介護員，サービス介助士，居宅介護従業者のいずれかの資格が必要です。また，車両は，一般のタクシー同様に緑ナンバーになりますので，運転手は普通二種免許が必要です。

実務的な一般のタクシーとの違いは，要介護者，障害者などに限定した完全予約制で，いわゆる流しタクシーはできないことです。そして，利用の際には，必ず介護保険者証や身障者手帳の確認が必要となります。

なお，利用者が介護保険の適用を受けるためには，その事業者が訪問介護の許認可を受けていて，事前にその利用がケアプランに位置づけられている場合に限ります。これを介護保険タクシーといいます。

2) ぶら下がり許可

介護保険の訪問介護事業の指定を受けている事業所が介護タクシーの許認可を取った場合，同時に自家用自動車有償運送事業の許可を取ることで，その事業所の訪問介護員が一般の自家用車（白ナンバー）を使用して有償運送をすることが可能になります。これをぶら下がりといいます。

この利用は，通院目的などに限定されていて，娯楽や観光での利用は不可です。なお，訪問介護員であれば普通一種免許で運転可能です。

3) 福祉有償運送事業登録

登録はNPO法人，医療法人，社会福祉法人などの非営利法人に限定されています。株式会社などの営利法人は登録不可です。

4) 事業運営の実際

前述したように，介護タクシーは利用対象を要介護認定者などに限定した完全予約制となります。一般客を乗せることができないという制限は，思いの外に事業運営への影響が大きいようです。

また，介護タクシーを定期的に利用する利用者は通院目的が最も多く，そのニーズは朝と夕方に集中します。すなわち，昼間の利用が少ないのが多くの事業所の悩みです。朝と夕方はぶら下がり許可で訪問介護員の運転で自家用車対応を行ったとしても，主たる事業である訪問介護の利用も朝と夕方が多いことを考えると，勤務シフト調整が難しい状況になります。空き時間帯には，通所介護の送迎車とするなどの工夫も必要です。

第6章

保険外サービス活用ガイドブック解説

小濱介護経営事務所 代表　小濱道博

地域包括ケアシステム構築に向けた公的介護保険外サービスの参考事例集

保険外サービス活用ガイドブック

　平成28年3月，厚生労働省，農林水産省，経済産業省（事務局：株式会社日本総合研究所）

ガイドブックのポイント解説

　ここでは，平成28年3月31日に公表された「保険外サービス活用ガイドブック」の内容について解説を加えていきます。

（1）ガイドブック作成の背景

　今回のガイドブックの作成の背景として次の3点が挙げられています。

> ①高齢者や家族のニーズを踏まえて，保険外サービスがより拡充され，豊富なサービスの選択肢が提供されることへの期待
> ②消費文化を謳歌した団塊世代のニーズに合致した，付加価値の高いサービスに対価を払う消費者が増えていく
> ③世界に先駆けて高齢化が進む日本において，ヘルスケアビジネスの一つとして保険外サービスを発展させていくことの意義は大きい

　一般的にいわれるシニアマーケット，または高齢者市場の今後は戦中・戦後世代から団塊の世代に中心が変わっていきます。団塊の世代は，十分な退職金と現在のレベルの高い年金の受給を受けているために資金的な余裕を持つ者も多く，付加価値の高いサービスであっても十分に購入できるため，今後は多様なニーズに対応できる介護保険外サービス市場が拡大していきます。それとともに，介護事業者のみならず，一般企業からの参入が増加することで，多くの新しいサービスが市場に投入されていくと思われます。それらのサービスの開発と消費によって国内市場が活性化して，さらには海外にノウハウが輸出されることが期待されています。

（2）介護保険外サービスの不足の要因

> ①介護保険外サービス市場に関する情報やノウハウの不足
> 　・介護保険外サービスは，自らサービスを企画して価格設定を行って消費者に訴求しなければならない

- 介護保険サービスとは異なる知見・ノウハウ，社内の機能が求められる
- 介護保険サービス事業者以外の事業者はマーケティング能力があっても，高齢者や家族のニーズの情報やチャネルが不足している

②自治体や地域包括支援センター，ケアマネジャー，介護事業者にまで，介護保険外サービスの情報が行き届いていない
- 介護保険外サービスについては，あくまで属人的な情報収集に留まっているケースが珍しくない

　介護保険サービスは，介護事業を運営するためのほとんどのお膳立てを行政側が用意していますので，事業者はルールに則ってサービスを提供するだけです。故に，その枠の中で管理運営するだけで十分です。そこには，新しい商品開発や市場調査，市場開発などを考える必要はあまりありません。ある意味で，とても保護された狭い空間の中で，サービス提供を中心に考える事業経営で十分です。

　しかし，介護保険外サービスの市場は，たとえるなら広大な海です。広い海のどこにニーズがあるのか，どこに利用者がいるのか，どうすれば自分に気づいてくれるか，どのようなサービスを投入すればいいのかなどを短い時間の中で判断して動かなければなりません。すなわち，それは一般企業が日常的に行っている新規商品開発と市場開拓であり，介護事業者が最も不得手と思われるマネジメントが必要なのです。

　また，そのようにして開発したサービスの告知，すなわちPR活動も行わなければなりません。介護保険外サービスの告知方法には何の制限もありません。テレビコマーシャル，雑誌広告，多種多様な販売促進のためのキャンペーンやイベントなどをフルに活用して，常に市場の中で有利な位置を確保するための努力が必要です。そのためには，商品開発への投資，広告への投資などに用いる資金力が求められるため，介護サービスにおいても適正な利益を確保することが最低限の課題となるでしょう。

　このような競争力の比較では，小規模零細事業者が多い既存の居宅介護サービス事業者は，確実に大企業の資本力，開発力にかなうはずがありません。では，それらにどのような視点を持って対抗したらよいのか，そのヒントを次に示しています。

（3）介護保険外サービスの企画・実践のポイント

①市場ニーズ

a　コミュニケーション・人との関わりの重要性
- 人と話をする，人と触れ合うといった「コミュニケーション」にニーズが大きい
- 効率性や利便性だけを追求するのではなく，あえて「会話が生まれる時間をつくる」といった工夫が有効となる

b　要介護認定を受ける前からの家族代わりのニーズがある
- 子どもと同居していたらやってくれたであろうことがサービスとして購入される
- 買い物や掃除など，ちょっとした困りごとを一つの窓口で扱うワンストップ対応でのサービスが支持される

c　出かける場所や参加できることへのニーズ
- 人と触れ合える「場」や，参加できる「場」をつくることがサービスとして成立する場合がある
- これは独居のみならず，家族と同居していてもニーズがある

d　それまでの当たり前を継続できるニーズ
- 「化粧」「理美容」「旅」「旅行」「外出」など，介護が必要になる前に「当たり前」に行っていたことを続けられてこそ，「自分らしい暮らし」といえる

e　喜び，楽しみ，やりがいにつながるサービスのニーズ
- 高齢者の喜び，楽しみ，やりがいをいかに引き出していくか

f　消費者が納得して費用を払ってくれる特定のシーンの見極め
- 一定以上の所得のなる富裕層しか利用できないと考えるのは誤りで，消費者が喜んでその単価を認め，対価を払う特定のシーンを見極めることができれば，多くの人にサービスを届けることができる

g　仕事と介護の両立支援など，介護者支援，家族支援にもニーズはある
- 介護する側のケア，不安解消という分野

　核家族化が進み，孤独な高齢者が増えています。家族と同居していても自分の居場所がなかったり，家族が仕事に出ている時間帯の孤独感が強い高齢者が多くなってきました。また，セカンドライフを謳歌する夢を持って猪突猛進的に仕事一筋であった高齢者が，夢を実現できないままであるのは，その実現の方法がわからない

ことが大きいようです。そのような高齢者の居場所や，夢を実現するためのガイドをするといった領域のニーズに対し，介護保険外サービスは大きな可能性を秘めています。

　高齢者の本当のニーズには，未知の領域が存在します。それは，今ではなくて過去にあるのかもしれません。そのキーワードを見つけることができれば，誰しもが購入したい介護保険外サービスが誕生します。また，サービスの対象者は高齢者だけではありません。その介護者，すなわち家族の側に視点を置いたサービスも十分に可能性は高いといえます。その家族は，近くにいる家族だけではなく，遠方にいる家族や，過去にいた家族などが該当すると考えます。その答えを見つけるためには，可能な限り，既存の考えにとらわれずに，一般の常識を超えて広い視野を持つ必要があります。

> ②サービスの質の確保，人材，体制
> 　a　自費で価値を認めてもらうためには魅力を高める努力が必須
> ・社員教育，スキルアップによって価格に見合った価値を実感して貰う努力
> 　b　人的サービスの質の向上，消費者への訴求に民間資格を活用
> ・提供サービスを一定水準の質を保ち，そのレベルを消費者にわかりやすく伝える手段として，資格化することは有効
> 　c　個別性への配慮
> ・オーダーメイドの対応が高い付加価値。徹底したカスタマイズと個人の細かなニーズへの対応
> 　d　エビデンスの明確化
> ・状態の改善を訴求する場合は，データーを使うなど明確に示すことが必要

　介護保険サービスは制度上の基準があるために，提供されるサービスは一定の質が担保されています。料金体系も全国共通であるため，利用者にはどこの事業者を利用しても同じという安心感があります。また，サービスの内容などは役所やケアマネジャーが解説していますので，介護事業者は自分たちが取り扱っているサービスが周知されている状態で事業を行っています。そして，決められた時間に決められたサービスを提供することで基本報酬を受け取ることができるなど，システム的に標準化されてます。

　これに対して，介護保険外サービスでは，競争力をつけるために他の事業者との差別化が必要です。そのためには，サービス内容だけではなく，お持てなし，すな

わちホスピタリティや高級感の演出なども重要な要素となります。職員の対応を標準化して教育訓練を徹底することも必要です。また，民間資格であっても，サービスの質の見える化が可能であるならば積極的に活用することが望まれます。

さらに，サービスの提供パターンも介護保険サービスのように画一的なワンパターンではなく，依頼ニーズに応じて一からサービスをつくっていくオーダーメイド対応や，一定のパターンを決めておいてその中から選択させるイージーオーダー対応も取り入れていくべきです。それらはすべて，わかりやすくコンパクトにまとめてワンパッケージにして，「見ればわかる」レベルまで突き詰めることがサービスの普及には大切な要素です。

---

③コスト，採算を意識した経営

a　社会資源の有効活用でコストを抑える

・コストを抑える工夫，努力で手が届きやすい価格にする。その場合，既存の社会資源をいかに活用するかが重要。地域の民間有休資源，既存の介護サービスの送迎車両やチャネルの活用

b　社会貢献意識の高い働き手候補と職場のマッチング，職場の魅力づくり

・社会貢献意識，やりがい，働き手同士のコミュニケーションなど，賃金以外の部分の魅力をつくり出したり，社会貢献意識の高い人と働く場をうまくマッチングさせる仕組み，仕掛けづくり

介護保険外サービスは10割全額が自己負担です。いかに自分のニーズに合った素晴らしいサービスであっても，価格が高すぎると一部の利用者しか手が出せません。会社努力で可能な限りコストダウンを図ることが，サービス普及のためには必要です。すでに手持ちの物は二次利用する。使われない時間は転用する。賃金は低くても，やりがいや達成感を得ることができるという価値観で人を雇用する。すべてはアイデア次第です。

---

④商品・サービスの企画

a　顧客とのコミュニケーション，接点の中からニーズを見極める

・顧客の声を聞いて軌道修正することの繰り返しが重要

b　街づくり，コミュニティ開発のキーワードは住民参加

・企画の段階から住民に関わってもらい，ニーズ，要望に沿ったものを作り上げる。

介護保険外サービスの導入に当たっては，マーケティングが大切です。個人インタビュー，アンケート調査，街角調査，戸別訪問など，いろいろな手法を使って可能な限り広い範囲で「声」を集め，分析をします。この繰り返しが大切です。老人クラブ，婦人会，町内会などとタイアップしていくことも可能性を広げます。ここに時間を惜しんではいけません。

> ⑤集客，プロモーション
> 　若い世代のように，インターネットやSNSなどの口コミは期待できないし，特効薬はない。地道に優れたサービスを提供して口コミを期待する。
> a　子世代，家族へのアプローチ
> b　サービス内容を想起してもらいやすい工夫が必要。パック化など
> c　集客型サービス，拠点では高齢者色，介護色を出さないことがポイント

　世代別に告知方法を変えることが必要です。若い世代や家族に対してはインターネットをフル活用で十分ですが，高齢者世代はインターネットに馴染みが薄いのが現実です。高齢者世代は，いまだに紙ベースの情報源を利用しています。したがって，無料タウン誌，折り込みチラシ，チラシの手配り，新聞記事，広報誌などの媒体の効果が高いといえます。

　しかし，紙ベースであれば情報量が限られています。いかに簡潔に多くの情報を伝えるかが問われます。

　また，介護保険サービスと介護保険外サービスをワンパックにすることも検討すべきです。時間が許す限り，ショッピングモールや専門店を回ってウインドーショッピングを行ってください。いろいろなヒントをつかむことができます。高齢者は高齢者であることを嫌います。介護を受けている人は，介護を受けている現実を嫌います。それらを最前面に出しては嫌われるということも考えるべきです。

> ⑥介護サービスとの相乗効果
> a　介護保険サービスの資源（ひと，設備，ノウハウ）は他の市場でも価値を生む可能性がある
> b　介護保険サービスと介護保険外サービスを一体的に提供して価値を高める
> ⑦一般的な民間サービスとの相乗効果
> a　従来の事業で培ったノウハウ・資源は介護・シニア分野でも大きな武器となる可能性がある。意外なことにこういう点が評価されたと，自分たちで

>   は当たり前すぎて気づかないことがある
>   b　従業員のモチベーション向上や事業者のプレゼンス向上につながる
> **⑧他社，他業種との連携**
>   a　同業者間で連携し市場をつくる，広げる
>   b　地域のさまざまな事業者同士の連携

　介護事業者は，介護サービスに関しては十分な知識と経験を持っています。それは，他の産業から見ると特殊技術でもあります。差別化という意味では，介護に関するノウハウは十分に差別化となり，付加価値にもなります。そして，介護保険外サービスを介護保険サービスと組み合わせることで，業務が効率化して提供価格の引き下げにもつながります。

　また，BtoB（Business to Business：企業間取引）の事業連携やアライアンスという考え方も可能性を拡げます。ただし，介護保険法上のコンプライアンスに抵触すると元も子もありませんので，法令遵守が大前提です。

〈付録〉資料

小濱介護経営事務所 代表　小濱道博

介護保険外サービスに関連する関連法令，Q＆Aなど

◎制度および施行に関する法令

- 介護保険法（平成九年十二月十七日法律第百二十三号）
- 介護保険法施行法（平成九年十二月十七日法律第百二十四号）
- 介護保険法施行令（平成十年十二月二十四日政令第四百十二号）

◎サービスの提供に関する法令

- 「指定居宅サービス等の事業の人員，設備及び運営に関する基準について」（老企第25号）
- 指定居宅サービス等の事業の人員，設備及び運営に関する基準（平成十一年三月三十一日厚生省令第三十七号）
- 指定地域密着型サービスの事業の人員，設備及び運営に関する基準（平成十八年三月十四日厚生労働省令第三十四号）
- 指定地域密着型介護予防サービスの事業の人員，設備及び運営並びに指定地域密着型介護予防サービスに係る介護予防のための効果的な支援の方法に関する基準（平成十八年三月十四日厚生労働省令第三十六号）
- 指定居宅介護支援等の事業の人員及び運営に関する基準（平成十一年三月三十一日厚生省令第三十八号）

◎サービス費の算定に関する告示

- 指定居宅サービスに要する費用の額の算定に関する基準（訪問通所サービス及び居宅療養管理指導に係る部分）及び指定居宅介護支援に要する費用の額の算定に関する基準の制定に伴う実施上の留意事項について（平成一二年三月一日）（老企第三六号）
- 指定居宅サービスに要する費用の額の算定に関する基準（短期入所サービス，痴呆対応型共同生活介護及び特定施設入所者生活介護に係る部分）及び指定施設サービス等に要する費用の額の算定に関する基準の制定に伴う実施上の留意事項について（平成一二年三月八日）（老企第四〇号）

◎その他
- 「地域包括ケアシステム構築に向けた公的介護保険外サービスの参考事例集」（保険外サービス活用ガイドブック）（平成28年3月31日，厚生労働省，経済産業省，農林水産省）
- 「指定訪問介護事業所の事業運営の取扱等について」
（平成12年11月16日老振第76号，最終改正：平成15年3月19日老計発第0319001号・老振発第0319001号）
- 介護サービス関係Q＆A（厚生労働省）
- 「通所介護等における日常生活に要する費用の取り扱いについて」―
（平成12年3月30日／老企54号厚生労働省老人保健福祉局企画課長通知）

介護保険では提供できないサービス

〈直接，本人の援助に該当しない行為〉
- 特別な買い物：名産品，お歳暮やお中元の品など
- 家族分の食事の準備　・共有する居間や家族の部屋の清掃
- 家族の洗濯，買い物，布団干し　・病院への付き添い，院内の見守り
- 家業の店番や接客応対　・自家用車の清掃
- 見守り，留守番や話し相手

〈日常生活に支障がない行為〉
- 草むしり，花草木の水やり，ペットの世話など
- ドライブ，カラオケ，観劇，お祭りの参加など　・年賀状の代筆

〈家事の範囲を超える行為〉
- 家具や電化品の移動，清掃，修理，模様替え
- 年末の大掃除，窓ガラスふき，床磨きやワックスがけ
- おせち料理など特別に手間をかける調理　・庭木の園芸，庭いじり
- 理美容　・金銭管理，銀行からの引き出し，記帳

著者紹介

〈監修・執筆〉

小濱道博
小濱介護経営事務所　代表
介護事業経営研究会（C-MAS）最高顧問
一般社団法人医療介護経営研究会（C-SR）専務理事

毎年延べ2万人以上の介護事業者を動員。全国の介護保険課，各協会，社会福祉協議会，介護労働安定センターなどの主催セミナーでも講師を務めるほか，著書，連載など多方面で活躍。

混合介護　導入・運営　実践事例集

2016年7月18日 発行　第1版第1刷

監修・執筆：小濱道博（こはま みちひろ）ⓒ　　執筆：西村栄一（にし むら えいいち）

企　画：日総研グループ
代　表：岸田良平
発行所：日総研出版

本部　〒451-0051 名古屋市西区則武新町3-7-15(日総研ビル)　☎(052)569-5628　FAX (052)561-1218

日総研お客様センター　電話 0120-057671　FAX 0120-052690　名古屋市中村区則武本通1-38 日総研グループ縁ビル 〒453-0017

札幌	☎(011)272-1821　FAX (011)272-1822　〒060-0001 札幌市中央区北1条西3-2(井門札幌ビル)	広島	☎(082)227-5668　FAX (082)227-1691　〒730-0013 広島市中区八丁堀1-23-215
仙台	☎(022)261-7660　FAX (022)261-7661　〒984-0816 仙台市若林区河原町1-5-15-1502	福岡	☎(092)414-9311　FAX (092)414-9313　〒812-0011 福岡市博多区博多駅前2-20-15(第7岡部ビル)
東京	☎(03)5281-3721　FAX (03)5281-3675　〒101-0062 東京都千代田区神田駿河台2-1-47(廣瀬お茶の水ビル)	編集	☎(052)569-5665　FAX (052)569-5686　〒451-0051 名古屋市西区則武新町3-7-15(日総研ビル)
名古屋	☎(052)569-5628　FAX (052)561-1218　〒451-0051 名古屋市西区則武新町3-7-15(日総研ビル)	商品センター	☎(052)443-7368　FAX (052)443-7621　〒490-1112 愛知県あま市上萱津大門100
大阪	☎(06)6262-3215　FAX (06)6262-3218　〒541-8580 大阪市中央区安土町3-3-9(田村駒ビル)		この本に関するご意見は，ホームページまたはEメールでお寄せください。E-mail cs@nissoken.com

・乱丁・落丁はお取り替えいたします。本書の無断複写複製（コピー）やデータベース化は著作権・出版権の侵害となります。
・この本に関する訂正等はホームページをご覧ください。www.nissoken.com/sgh

研修会・出版の最新情報は

www.nissoken.com

検索　日総研

CDブック Excelデータ
必須の管理項目をリストアップ！
自施設に合わせてカスタマイズ！

チェックリストを活用した
介護業務管理と人材育成

榊原宏昌　天晴れ介護サービス 総合教育研究所 代表

管理職のためのチェックリストで施設の運営効率、スタッフ育成、利用者満足を！

新人の早期戦力化にも効く
「明確な内容」の「単的な伝え方」！

榊原宏昌
天晴れ介護サービス
総合教育研究所 代表

主な内容
- 業務管理のチェックリストと活用の着眼点
  環境／接遇／生活の安定・安全　喜び・感動／家族・地域との連携　事業所の維持　ほか
- チェックリストを活用した業務管理・人材育成マネジメントの具体策　チェックリストの作成方法　ほか

新刊
B5判 128頁＋CD-ROM
定価2,963円＋税
（商品番号 601798）

介護施設・事業所の
人材確保
定着・獲得・育成
具体策
廣岡隆之
研修ツールCD付

働きやすい環境、やりがいある職場の作り方！
- 定着させる職場環境の作り方
- 低コストで実現！欲しい人材を集めるコツ
- 働きがいにつなげる育成方法

廣岡隆之
社会福祉法人あいの土山福祉会
特別養護老人ホームエーデル土山
副施設長・事務局長

主な内容
- 人材確保対策の基本
- 介護人材「定着」の具体策
- 介護人材「確保・定着」の具体策
- 介護人材「育成」の具体策
- 研修ツールCD

最新刊
B5判 216頁＋CD
定価3,149円＋税

（商品番号 601790）

介護サービス
加算
算定手続き・ルールと必要書類集
林　正
改変して使える！CDブック

マイナス改定を乗り切る！
加算算定で安定した経営基盤を！

正しい解釈による加算の算定で収入アップを！
実施指導も万全！

林　正
特別養護老人ホーム やすらぎの家
副施設長／主任介護支援専門員

主な内容
- 介護報酬請求事務の実態とリスクマネジメント
- 運営・算定基準(省令・通知)・Q&Aを正しく読み解くための用語解説とポイント
- CD-ROM書類・書式集 全ての必要書類を収録！カスタマイズして使える！ほか

B5判 2色刷
640頁＋CD-ROM
定価14,000円＋税
（商品番号 601773）

社会保障制度指さしガイド
いとう総研 編
平成27-29年度 介護報酬対応版

患者に最適な制度の活用法がわかる！

制度の仕組みや使える権利など患者・家族といっしょに見て、考え、納得できる。

伊東利洋 編著
有限会社いとう総研 取締役

主な内容
・年金　・医療保険　・雇用保険
・労災保険　・介護保険
・老人福祉　・障がい者福祉
・障がい者総合支援法
・児童福祉　・生活保護　・保健
・成年後見制度　ほか全203項目

改訂出来
A4変型判
オールカラー 280頁
定価4,000円＋税

（商品番号 601767）

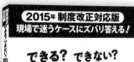

2015年 制度改正対応版
現場で迷うケースにズバリ答える！

できる？できない？
訪問介護の報酬算定グレーゾーン解決法 Q&A159

本間清文
ソーシャルケア研究所 主宰

新制度対応版！現場で迷うケースにズバリ答える本！

算定判断と算定ルールが図解でスッキリ！

- 薬の仕分けや嗜好品の購入
- メガネや補聴器の補修…など

執筆　**本間清文**
ソーシャルケア研究所 主宰

主な内容
・[図説] 算定ルールの要点ガイド
・グレーゾーン明解回答！ Q&A
  マニキュア、化粧　理美容院への付き添い／爪切り　ほか
・法規資料集
  介護保険法／介護保険法施行規則　ほか

増刷出来
B5判 2色刷 176頁
定価2,593円＋税

（商品番号 601756）

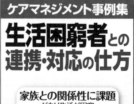

ケアマネジメント事例集
生活困窮者との連携・対応の仕方

家族との関係性に課題があり生活が困窮
認知症で身よりもなく今後の支援が不安
債務や浪費癖で生活が困窮
知的障がい・精神疾患を理解されずトラブルを繰り返す

ケアマネとして生活困窮者に「どこまで関わるか」「誰にバトンタッチするか」が12事例でわかる！

市川知律　有限会社With A Will 社会福祉士事務所
西村健二　桑名市中央地域包括支援センター
樋上和志　松阪市社会福祉協議会
太田眞裕子　明和町障がい者生活支援センター
広森規泰　有限会社ケアステーションたきび
馬淵晃浩　まぶち介護・社会福祉士事務所
北　哲史　社会福祉法人おおすぎ 相談員

8月刊行
B5判 2色刷
160頁予定
予価2,500円＋税

（商品番号 601811）

日総研　詳しくはスマホ・PCから　検索　日総研 601811

電話 0120-054977
FAX 0120-052690（無料）